新编财务会计综合实训

主 编 陈云娟 黄 静
副主编 王家华 李 云 王艳超

东南大学出版社
·南京·

内 容 提 要

本书是依据财政部最新发布的《企业会计准则》和相关税法编写的,选择了一家制造业企业为模拟企业,以这家企业一个会计期间发生的典型业务为主线,在教学内容设计上涵盖了基础会计、中级财务会计、成本会计、税法等专业课的重要内容,在实践教学的实施中高度模拟企业实际财务工作,包括原始凭证的审核、账簿的开设与登记、成本核算、结账与对账、主要会计报表编制等。通过这些模拟操作与训练,可以锻炼和提高学生的会计综合运用能力。为了方便教学,编者还对书中相关经济业务做出了会计分录,对涉及成本、利润、纳税等计算问题列出了计算过程,并按现行会计准则和税法做了简要的解释,读者可扫描书中相应位置处的二维码获取。

本书既可作为应用型本科院校、高等职业院校财经类各专业财务会计实训教材,也可供在职会计人员培训使用。

图书在版编目(CIP)数据

新编财务会计综合实训/陈云娟,黄静主编. — 南京:东南大学出版社,2021.8(2023.5重印)
 ISBN 978-7-5641-9608-0

Ⅰ.①新… Ⅱ.①陈… ②黄… Ⅲ.①财务会计 Ⅳ.①F234.4

中国版本图书馆 CIP 数据核字(2021)148820 号

责任编辑:吉雄飞　责任校对:子雪莲　封面设计:顾晓阳　责任印制:周荣虎

新编财务会计综合实训　Xinbian Caiwu Kuaiji Zonghe Shixun

主　编	陈云娟　黄　静
出版发行	东南大学出版社
社　址	南京市四牌楼2号(邮编:210096　电话:025-83793330)
经　销	全国各地新华书店
印　刷	广东虎彩云印刷有限公司
开　本	787 mm×1092 mm　1/16
印　张	17
字　数	234千字
版　次	2021年8月第1版
印　次	2023年5月第2次印刷
书　号	ISBN 978-7-5641-9608-0
定　价	48.00元

本社图书若有印装质量问题,请直接与营销部联系,电话:025-83791830。

前　言

会计是一门实践性很强的学科,仅仅通过理论的学习难以实现会计教学目标。会计模拟实训是培养学生实践能力的重要方法之一,通过模拟实训不仅能使学生将学到的理论知识融会贯通,还能提高综合运用能力,缩短理论与实践的差距。

本书是依据财政部最新发布的《企业会计准则》和相关税法编写的,选择了一家制造业企业为模拟企业,以这家企业一个会计期间发生的典型业务为主线,在教学内容设计上涵盖了基础会计、中级财务会计、成本会计、税法等专业课的重要内容,在实践教学的实施中高度模拟企业实际财务工作,包括原始凭证的审核、账簿的开设与登记、成本核算、结账与对账、主要会计报表编制等。通过这些模拟操作与训练,可以锻炼和提高学生的会计综合运用能力。为了方便教学,编者还对书中相关经济业务做出了会计分录,对涉及成本、利润、纳税等计算问题列出了计算过程,并按现行会计准则和税法做了简要的解释,读者可扫描书中相应位置处的二维码获取。

本书由浙江师范大学行知学院陈云娟、黄静、王家华、李云、王艳超和杭州贝嘟科技有限公司张鸿敏负责具体的编写工作,最后由陈云娟进行整理和统稿。编写过程中浙江师范大学行知学院的虞拱辰、陈赛珍提供了许多宝贵建议,参考了同领域专家编写的一些教材,同时也得到了"浙江师范大学行知学院新形态教材项目"资助,在此一并表示诚挚的谢意!本书既可作为应用型本科院校、高等职业院校财经类各专业财务会计实训教材,也可供在职会计人员培训使用。

会计学科一直在发展,在出版社的大力支持下,我们力争使教材内容及时反映会计的最新变化。但由于编者水平有限,加之成书时间仓促,书中难免存在一些错误及不足之处,恳请读者批评指正。

编　者
2021 年 5 月

目 录

第一章　操作程序和规范要求 ·· 1

　　一、操作程序 ··· 1

　　二、操作规范要求 ·· 2

第二章　模拟企业概况及会计核算方法 ·· 6

　　一、模拟企业概况 ·· 6

　　二、企业会计制度和核算方法 ··· 6

第三章　模拟经济业务会计实训 ·· 9

　　一、模拟企业 11 月末账户余额和累计发生额 ··························· 9

　　二、模拟企业 12 月份发生的经济业务 ································· 13

　　三、模拟企业 12 月份发生的经济业务会计凭证 ····················· 21

　　四、实训任务 ·· 261

第一章　操作程序和规范要求

一、操作程序

科目汇总表会计核算程序是企业常用的会计核算程序之一,为了能使读者比较系统地掌握会计核算技能,本套模拟实训材料采用科目汇总表会计核算程序,其操作程序如下。

科目汇总表会计核算程序

日记账总账开设

明细账开设

(一)根据相关账户的月初余额开设相关总账和明细账
1. 开设库存现金、银行存款日记账。
2. 原材料、周转材料、库存商品等开设数量金额式明细账。
3. 销售费用、财务费用等开设多栏式明细账。
4. 生产成本、制造费用、管理费用、应交增值税明细账等开设专用明细账。
5. 除上述账簿以外,其余账簿设置三栏式明细账。
6. 所有科目均设总账。

(二)填制或审核原始凭证
根据经济业务资料审核原始凭证和原始凭证汇总表。处理经济业务时,必须将本教材中的原始凭证剪下,附于记账凭证之后。在审核原始凭证时,对不符合要求的外来原始凭证不予报账;属于自制原始凭证的,手续不齐全的应予补办,然后报账。

(三)编制和审核记账凭证并登记日记账、明细账
根据审核无误的原始凭证或原始凭证汇总表编制记账凭证(记账凭证可用通用记账凭证或专用凭证),并对记账凭证进行认真审核。经审核无误后,根据记账凭证逐笔登记日记账、明细账。

(四)将审核无误的记账凭证每10天汇总一次,编制科目汇总表,并根据科目汇总表登记总账

(五)月末,根据会计制度相关规定调整应计收入、应计费用、收入分摊、成本分摊等账项,并据以编制记账凭证入账

(六)结计所有账簿的本期发生额和期末余额,并进行试算平衡,在账证、账账、

账实相符的基础上编制会计报表,审查各报表之间有对应关系的数字是否一致

(七)根据有关账簿记录,按税法规定填制企业所得税年度纳税申报表及其附表

(八)将会计凭证、账簿和会计报表整理好,加具封面并装订成册,归档保管

(九)根据会计核算资料编制纳税申报表等

二、操作规范要求

(一)操作前的准备

1. 配备好实训教师,组织和指导实训操作全过程。

2. 相关实训用品:

(1)通用记账凭证 200 张;

(2)银行存款日记账 3 张;

(3)库存现金日记账 2 张;

(4)三栏式明细账 50 张;

(5)数量金额式明细账 15 张;

(6)九栏式明细账 15 张;

(7)生产成本明细账 4 张;

(8)应交增值税明细账 4 张;

(9)管理费用明细账 5 张;

(10)制造费用明细账 2 张;

(11)总分类账 50 张;

(12)科目汇总表 4 张;

(13)凭证封面封底 3 套;

(14)包角 4 个;

(15)装订针、装订线若干。

说明:整套实训最好由一人独立完成,以利于全面掌握整个会计核算过程。

(二)书写规范化

1. 必须使用蓝黑墨水,不能使用圆珠笔,而红色墨水只能在划线结账、改错、冲销时使用。

2. 字体各自成形,大小均匀,且排列整齐,字迹工整、清晰。

数字应贴格子的底线书写,每个数字约占格子高度的 1/2,上面留有空隙,以备更正改错之用(只有"7"和"9"两个数字可以超出底线一点,但所占位置大小不能超过底线下格的 1/4);字体要自右上方斜向左下方书写,斜度应一致(约为 60 度),并且相邻两个数字之间要空出半个小写数字的位置。

大写金额的前面必须加填"人民币"三个字,后面紧接着写金额,不能有空隙。中文大写金额数字,如零、壹、贰、叁、肆、伍、陆、柒、捌、玖、拾、佰、仟、万、元、角、分等,应用正楷或行书填写。

(三)原始凭证的填制与审核

原始凭证是记账的依据,是会计核算最基础的原始资料,同时也是具有法律效力的书面证

明文件。取得或填制原始凭证是会计核算工作的起点,如果原始凭证出现差错,必然会导致会计信息失真。本次实训操作对自制原始凭证有些需要根据业务说明进行填写,有些已经填制完毕,而外来原始凭证均已取得,对已经填制完毕的原始凭证只需对其真实性、合法性、合理性、完整性、正确性和及时性进行审核,只有经过审核无误的原始凭证才能作为编制记账凭证和登记账簿的依据。原始凭证的填制规范有以下几点:

1. 内容要真实、完整。原始凭证必须如实反映各项经济业务的发生或完成情况,所有项目必须填写齐全,以确保原始凭证所反映的经济业务真实可靠,符合实际。

2. 填制手续要完备。原始凭证必须有经办业务的部门和人员签名盖章,以明确经济责任。

3. 不得随意涂改、刮擦、挖补。原始凭证填写发生错误时应按规定方法进行更正,如果金额填写有误,则应由出具单位重开,不得在原始凭证上更正。

(四)记账凭证的填制与审核

记账凭证是会计人员根据审核无误的原始凭证或原始凭证汇总表,按照经济业务的内容加以归类,并据以确定会计分录而填制的、作为登记账簿依据的凭证。在记账前,应先根据原始凭证编制记账凭证,以确定会计分录,并将原始凭证附在相关记账凭证的后面。记账凭证的填制,除了必须遵守上述原始凭证的填制要求外,还应做到以下几点:

记账凭证填制

1. 记账凭证必须根据审核无误的原始凭证或原始凭证汇总表填制。记账凭证可以根据每一张原始凭证填制,也可以根据若干张同类原始凭证汇总填制,但不能把不同内容和类别的原始凭证汇总填制在同一份记账凭证上,以防止科目对应关系混淆不清。

2. 确保会计分录正确。必须按照会计准则的规定并结合经济业务的性质正确编制会计分录,不得任意改变会计科目的名称和核算内容,以保证核算资料的一致性和可比性。

3. 除结账和更正错误,记账凭证必须附有原始凭证并注明所附原始凭证的张数。如果根据同一张原始凭证填制了两张记账凭证,则应在未附原始凭证的记账凭证上进行说明。

4. 各种记账凭证必须连续编号,以便查考。如果一项经济业务需要填制多张记账凭证,可采用分数编号法。

5. 记账凭证的日期应是会计人员受理事项的日期,年、月、日都应写全。记账凭证在填写后应当及时复核与检查,制单、复核、记账、会计主管等都必须在记账凭证上签字盖章,以明确经济责任。

6. 在记账凭证中填制完经济业务事项后,如记账凭证中还有空行,应当在金额栏自最后一笔金额数字下的空行处至合计数上的空行处划线注销。

7. 填制记账凭证时如果发生错误,应当重新填制。已经登记入账的记账凭证在当年内发现错误的,可以用规定的方法进行更正。

(五)科目汇总表的编制

本实训采用科目汇总表核算程序,且按旬汇总,编制三张科目汇总表。即将每旬的经济业务按相同会计科目归类,汇总每一会计科目的借方发生额和贷方发生额,并填写在科目汇总表相关栏目内。

（六）账簿登记

账簿登记是会计核算的一道重要环节，为了保证账簿记录真实、可靠、正确、完整，满足成本计算和编制会计报表的需要，会计人员在记账时必须遵循登记账簿的基本要求。

科目汇总表编制

账簿登记

1. 登记账簿的依据必须是审核无误的记账凭证。记账人员在登记账簿之前还应对已经审核过的记账凭证进行复核，对认为有问题的记账凭证或所附原始凭证应交主管会计人员进一步审核，由主管会计人员根据规定做出处理决定。记账人员不能擅自更改记账凭证，也不能随意处置原始凭证，更不能依据有误的记账凭证登记账簿。

2. 登记账簿的时间要求因账簿的类别不同和各企业的情况不同而有所差异。各种日记账和债权、债务明细账应每天登记，随时结出余额，现金日记账还要每天与库存现金进行核对；实物资产如原材料、库存商品等明细账在发生经济业务时就应登记，并随时结出余额，以便随时掌握其动态情况；总账和其他明细账可根据实际情况确定登账期，但至少每月登账一次。

3. 登记账簿的依据和程序因账簿不同而有所不同。库存现金日记账由出纳人员根据与现金收付有关的记账凭证，按时间先后顺序逐日逐笔进行登记，并每日结出现金余额（本实训中也可逐笔结出余额）；银行存款日记账由出纳人员根据与银行存款有关的记账凭证，按时间先后顺序逐日逐笔进行登记，并每日结出存款余额（本实训中也可逐笔结出余额）。

不同类型经济业务的明细分类账，可根据管理需要，依据记账凭证、原始凭证或原始凭证汇总表逐日或定期汇总登记。总账的登记在本实训中采用科目汇总表核算程序，因此本实训应根据科目汇总表登记总分类账。

4. 登记账簿要按顺序进行，不得隔页、跳行。如不慎出现隔页，应将空白账页用对角"×"号注销或注明"此页空白"；如出现跳行，则用斜线注销或注明"此行空白"。注销的空白账页或空行处应有记账人员的签章，以示负责。严禁撕毁、抽换账页。

5. 账簿登记完毕后，要在记账凭证上做出"过账"的标记，如在记账凭证的"记账"栏注明账簿页码或打勾，以免漏记或重登，也便于查阅、核对，并在记账凭证上签章。

6. 每一账页记录完毕，应在该账页最末一行加计发生额合计及余额，在该行"摘要"栏注明"转次页"或"过次页"，并将这一金额记入下一页第一行有关金额栏内，同时在该行"摘要"栏注明"承前页"，以保持账簿记录的连续性，便于对账和结账。

7. 在记账过程中如发生账簿记录错误，不得随意刮、擦、挖、补或用褪色药水更改字迹，而应根据错误的具体情况，按照规定的方法予以更正。

(七) 对账、结账

对账就是核对账目。为了保证账簿所提供的会计资料正确、真实、可靠，登记完账后还应定期做好对账工作。本实训对账工作包括账证核对和账账核对，在实际工作中还要进行账实的核对。总账和明细账的核对通常采用编制各明细账本期发生额与余额表，计算出各明细账的合计数后与相应的总账进行核对；总分类账之间的核对通常采用编制"试算平衡表"来完成。

结账

对账后期末还要进行结账，就是在一定时期内所发生的经济业务全部登记入账的基础上结算出各种账簿的本期发生额和期末余额。结账要点如下：

1. 对不需要按月结计本期发生额的账户，每期最后一笔余额即为期末余额。期末结账时，只需要在最后一笔经济业务记录之下通栏划单红线，不需要再结计一次余额。

2. 对库存现金、银行存款日记账以及需要按月结计本期发生额的收入和费用等明细账，每期结账时，要在最后一笔经济业务记录下面通栏划单红线，结出本期发生额和余额，在摘要栏内注明"本月合计"字样，再在下面通栏划单红线。

3. 对需要结计本年累计发生额的某些明细账户，每月结账时，应在"本月合计"行下结出自年初起至本月末止的累计发生额，登记在月份发生额下面，在摘要栏内注明"本年累计"字样，并在下面通栏划单红线。12月末的"本年累计"就是全年累计发生额，全年累计发生额下通栏划双红线。

4. 总账账户平时只需结出月末余额。年终结账时，为了总括反映全年各项资金运行情况的全貌，核对账目，要将所有总账账户结出全年发生额和年末余额，在摘要栏内注明"本年合计"字样，并在合计数下通栏划双红线。

5. 年度终了结账时有余额的账户，要将其余额结转至下年。即将该类账户的余额直接记入新账余额栏内，不需要编制记账凭证，也不必将余额再记入本年账户的借方或贷方。

(八) 会计报表的编制

根据各相关账簿的记录编制资产负债表和利润表（本实训暂不要求编制现金流量表和所有者权益变动表），编制时须按照会计准则的格式和要求，做到数据真实、计算准确、内容完整、说明清楚。

(九) 会计资料装订

全部实训完成后，把会计凭证按序号整理好，分为三本进行装订。本实训采用的是顶齐法，即先将记账凭证及所附的原始凭证夹紧，加上封面，划分角线，然后确定装订线眼并缝制凭证，最后制作包角。

第二章 模拟企业概况及会计核算方法

一、模拟企业概况

模拟企业金华市五湖机械有限公司是一家制造业企业,全公司占地面积约为4万平方米,注册资本金为850万元,其中金华市东明股份有限公司占66%,汪华占34%,正式职工有100余人。公司设有一个生产车间,主要从事甲产品和乙产品的生产;其他部门包括行政办公室、专设销售部、人力资源部、财务部、研发中心等。该公司其他相关资料如下:

(1) 公司地址:金华市长安里888号。

(2) 法定代表人:王平。

(3) 开户银行及账号:中国工商银行金华市长安里支行(基本户)8145105867508100882。银行预留印鉴如图2-1所示。

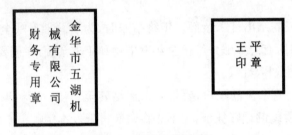

图2-1 银行预留印鉴

(4) 统一社会信用代码:913307101995141601。

(5) 所属行业明细代码:3310。

(6) 印花税票:剪下印花贴于账簿首页,并划双线注销。

(7) 财务部人员分工:孙立为财务部负责人,刘浩负责出纳核算,李涛和吴江负责会计核算。

(8) 会计软件:用友财务软件。

二、企业会计制度和核算方法

模拟企业金华市五湖机械有限公司执行财政部最新发布的《企业会计准则》,具体的会计核算方法如下。

(一) 存货的核算

1. 原材料、周转材料收发均按实际成本法计价核算。材料的购入根据材料验收入库凭证,逐笔编制记账凭证。发出材料采用月末一次加权平均法计价,月末根据平时材料发出凭证汇总编制"发出材料汇总表",并计算出期末加权平均单价(小数四舍五入,保留两位),再计算各项发出材料的实际成本(存货发出的数量×加权平均单价),然后据此编制记账凭证,集中进行材料发出的核算。B原材料为甲产品生产专用,A原材料为乙产品生产专用,C原材料和D原材料为甲、乙产品生产共用,原材料在生产过程中一次性投入。

2. 低值易耗品领用采用一次摊销法。

3. 库存商品收发采用实际成本法核算。月末根据平时的产品"入库单"记录汇总编制"库存商品入库汇总表",并根据产品成本核算要求计算结转完工产品成本。

4. 存货明细账(材料、低值易耗品、库存商品)平时应根据存货的收发凭证逐笔进行材料、低值易耗品、库存商品的收发存数量核算,不核算金额。

月末一次加权平均法

品种法

约当产量法

(二)产品制造成本核算

1. 基本生产成本。产品基本生产成本核算采用品种法,按产品品种设置成本明细账;成本项目设"直接材料""直接人工""制造费用"三栏,外购生产用动力费用(生产产品耗用水、电)并入"制造费用"项目。

2. 制造费用。按基本生产车间设多栏式明细账,分配标准为生产工时。

3. 期末在产品成本。按月通过实地盘点,在掌握在产品数量和加工程度的基础上采用约当产量法计算。

(三)固定资产核算

固定资产分为房屋及建筑物、机械设备、运输设备、办公设备四类,均采用平均年限法分类计算折旧。

(四)销售成本的核算

产品销售成本采用月末一次加权平均法核算。月末根据平时商品销售出库的记录汇总编制"主营业务成本计算表",并结转产品销售成本。

(五)工资核算

1. 公司正式员工有100余人,其中王政、张芳为两年前招入的残疾人员工,每月工资固定。公司每月委托工商银行转账代发工资,职工通过银行卡取款。

2. 企业按工资总额的70%和规定比例计算缴纳各项社会保险费,职工个人按基本工资和规定的比例计算缴纳各项社会保险费。

(六)长期股权投资核算

被投资企业单位名称为金华建安有限公司,企业所得税税率为25%,投资金额为30万元,占被投资企业注册资本金的51%,采用成本法核算。

(七)资产减值准备的核算

1. 坏账损失的核算。设"坏账准备"账户,坏账准备计提金额计算采用余额百分比法,计提比例为10%。

2. 存货减值准备的核算。设"存货跌价准备"账户,采用成本和可变现净值孰低法核算。

3. 金融资产减值准备的核算。在资产负债表日对以公允价值计量且其变动计入当期损益的金融资产外的金融资产的账面价值进行检查,有客观证据表明该金融资产发生减值的,应当确认减值损失,计提减值准备。

4. 对固定资产、无形资产、长期股权投资等非流动资产的核算。在资产负债表日应当对固定资产、无形资产、长期股权投资等资产进行减值测试,如果发现资产可收回金额低于其账面价值的,需计提相应的资产减值准备,并计入当期损益。非流动资产减值损失一经确认不得转回。

5. 产品质量保证费用每月计提一次,计提金额为销售收入的0.5%。

（八）税金核算

模拟企业为增值税一般纳税人,该企业增值税税率为13%,城建税税率为7%,教育费附加税率为3%,地方教育费附加税率为2%,按月缴纳;房产税税率为12%,城镇土地使用税税率为8元/平方米,按年缴纳;企业所得税税率为25%,按月预缴,年终汇算清缴。

（九）其他有关费用

1. 公司工会经费,按应付工资总额的2%计提。
2. 借款利息按月预提,按季支付,年终结清当年利息费用。
3. 各项社会保险费按表2-1所示比例计算缴纳。

表2-1 各项社会保险费缴纳比例

缴纳项目	个人缴费比例	单位缴费比例
养老保险	8%	14%
医疗保险	2%	7.5%
失业保险	0.5%	0.5%
工伤保险	—	1%

（十）利润分配核算

1. 按税后利润的10%提取法定盈余公积,按税后利润的5%提取任意盈余公积。
2. 按年末可供分配利润的60%向投资者分配利润。

第三章 模拟经济业务会计实训

一、模拟企业 11 月末账户余额和累计发生额

模拟企业金华市五湖机械有限公司 11 月末的账户余额及 1～11 月相关账户发生额情况分别如表 3-1 和表 3-2 所示。

表 3-1 账户余额表

××××年 11 月 30 日 单位：元

编号	总账	明细账	借或贷	余额 总账	余额 明细账	备注
1001	库存现金		借	5 800.00	5 800.00	
1002	银行存款	基本账户	借	4 694 359.00	4 694 359.00	
1012	其他货币资金		借	306 505.00		
101201		存出投资款	借		300 005.00	
101202		信用卡存款	借		6 500.00	
1101	交易性金融资产	股票（成本）	借	500 000.00	500 000.00	紫光股份 50 000 股
1121	应收票据		借	563 000.00		
112101		山西万家公司	借		100 000.00	
112102		南宁大发公司	借		160 000.00	
112103		金华友谊公司	借		117 000.00	
112104		河北衡丰发电有限公司	借		186 000.00	
1122	应收账款		借	240 700.00		
112201		金华华大公司	借		150 000.00	
112202		香港万达公司	借		85 600.00	
112203		湖南长沙汽配公司	借		5 100.00	
1221	其他应收款	陈明	借	20 000.00	20 000.00	
1231	坏账准备		贷	26 070.00		
1402	在途物资		借	650 000.00		
140201		A 原材料	借		500 000.00	
140202		B 原材料	借		150 000.00	

· 9 ·

续表 3-1

编号	总账	明细账	借或贷	余额 总账	余额 明细账	备注
1403	原材料		借	950 000.00		
140301		A原材料	借		350 000.00	80吨
140302		B原材料	借		280 000.00	75吨
140303		C原材料	借		220 000.00	70吨
140304		D原材料	借		100 000.00	60吨
1405	库存商品		借	781 821.00		
140501		甲产品	借		230 400.00	45台
140502		乙产品	借		551 421.00	64台
1411	周转材料	木箱	借	10 000.00		200只
1511	长期股权投资	金华建安有限公司	借	450 000.00		金华建安有限公司 150 000股
5001	生产成本	基本生产成本（详见表3-3）	借	600 000.00		
500101		甲产品	借		304 723.00	75台
500102		乙产品	借		295 277.00	55台
1601	固定资产		借	3 400 000.00		
160101		房屋及建筑物	借		2 000 000.00	
160102		机械设备	借		860 000.00	
		其中：节能设备	借		160 000.00	5月份购入
160103		运输设备	借		480 000.00	
160104		办公设备	借		60 000.00	
1602	累计折旧		贷	1 435 440.00		年初余额 1 261 000.00
5301	研发支出	费用化支出	借	182 000.00		
1701	无形资产	土地使用权	借	320 000.00		2 800平方米，按50年摊销
1702	累计摊销		贷	27 000.00		
2001	短期借款		贷	782 000.00		
200101		流动资金借款	贷		300 000.00	
200102		新产品研发专项借款	贷		482 000.00	
2301	长期借款	车间技改借款	贷	500 000.00		11月下旬借入

续表 3-1

编号	总账	明细账	借或贷	余额 总账	余额 明细账	备注
2202	应付账款		贷	783 000.00		
220201		金华飞龙集团	贷		317 000.00	
220202		上海天意商贸公司	贷		6 000.00	
220204		上海天马有限公司	贷		460 000.00	
2211	应付职工薪酬		贷	553 871.60		
221101		工资	贷		502 170.00	
221102		企业社保费	贷		40 701.26	
221103		工会经费	贷		11 000.34	
2221	应交税费		贷	224 728.00		
222101		未交增值税	贷		200 650.00	
222102		应交城建税	贷		14 045.50	
222103		应交所得税	贷			
222104		应交教育费附加	贷		6 019.50	
222105		应交地方教育费附加	贷		4 013.00	
2232	应付利息		贷	15 200.00	15 200.00	其中5 200元为新产品研发专项借款利息
2241	其他应付款		贷	226 344.00		
224101		王平	贷		182 000.00	
224102		恒丰实业有限责任公司	贷		44 344.00	
2411	预计负债		贷	50 000.00		
4001	实收资本		贷	8 500 000.00		
400101		金华市东明公司	贷		5 610 000.00	
400102		汪华	贷		2 890 000.00	
4101	盈余公积		贷	150 000.00		
410101		法定盈余公积	贷		100 000.00	
410102		任意盈余公积	贷		50 000.00	
4103	本年利润		贷	573 452.00		
4104	利润分配		借	172 920.60		上年亏损

表3-2 账户累计发生额表

××××年1~11月
单位:元

编号	总账	明细账	借或贷	累计发生额		备注
				总账	明细账	
6001	主营业务收入		贷	19 402 140.80		
600101		甲产品	贷		11 148 572.60	
600102		乙产品	贷		8 253 568.20	
6051	其他业务收入		贷	100 000.00		材料销售
6111	投资收益		贷	91 455.20		交易性金融资产
6301	营业外收入		贷	20 000.00		非流动资产处置利得
6401	主营业务成本		借	16 576 995.72		
640101		甲产品	借		8 612 530.60	
640102		乙产品	借		7 964 465.12	
6402	其他业务成本		借	80 000.00		材料销售成本
6403	税金及附加		借	496 000.00		
6601	销售费用		借	608 000.00		
		薪酬	借		230 000.00	
		广告业务宣传费	借		250 000.00	上年度未抵扣完结转年广告费120 000元
		折旧费	借		5 500.00	
		水电费	借		16 990.00	
		办公费	借		8 500.00	
		售后服务费	借		97 010.00	
6602	管理费用		借	1 097 999.28		
		薪酬	借		702 120.00	
		职工福利费	借		12 388.00	
		资产折旧摊销费	借		48 600.00	
		办公费	借		82 000.00	
		保险费	借		35 000.00	
		差旅费	借		18 000.00	
		业务招待费	借		90 000.00	
		研发费用	借			
		工会经费	借		14 042.40	
		社保费	借		51 956.88	
		水电费	借		34 000.00	

续表 3-2

编号	总账	明细账	借或贷	累计发生额 总账	累计发生额 明细账	备注
		其他	借		9 892.00	
6603	财务费用		借	80 000.00		
		利息支出	借		70 000.00	
		手续费	借		6 000.00	
		其他	借		4 000.00	
6711	营业外支出		借	10 000.00		
		罚款	借		10 000.00	
6801	所得税费用		借	91 149.00		

表 3-3 生产成本——基本生产成本 11 月末余额明细表

单位:元

产品名称	直接材料	直接人工	制造费用	合计
甲产品	213 306.10	76 180.75	15 236.15	304 723.00
乙产品	206 693.90	73 819.25	14 763.85	295 277.00

二、模拟企业 12 月份发生的经济业务

（一）12 月 1 日

1. 向银行申请取得 6 个月期限的借款 500 000 元,已存入银行。

（二）12 月 3 日

2. 将一张面值为 186 000 元的银行承兑汇票向银行申请贴现,取得贴现款 185 256 元。

3. 向金华电子机械厂购入 A 原材料,货税款合计 1 017 000 元,款项已支付,材料已验收入库。

（二）-2

（三）-7

（三）-8

（三）12 月 4 日

4. 收到恒丰实业有限责任公司支票一张,支付机器的租金 67 800 元。

5. 以银行电汇方式向厦门新星广告公司支付产品样本广告费 24 754 元,并支付汇款手续费 24.75 元。

6. 通过网银转账方式向金华综合服务有限公司支付清洁费 2 000 元。

7. 开出转账支票一张支付本公司职工张芳、李欣的培训费 1 060 元。

8. 出售 A 原材料下脚料,取得含增值税收入 4 000 元,已存入银行。

(四) 12 月 5 日

9. 向银行申请取得银行汇票一份,面值 600 000 元,另支付手续费 21 元。
10. 从江苏昆山商贸公司购入 B 原材料 130 吨,金额 500 000 元,增值税额 65 000 元,材料已验收入库,货税款以银行汇票予以结算,多余款项已退回;江苏长通运输有限公司 1 090 元运输费尚未支付。

(四)- 10

(六)- 13

(五) 12 月 8 日

11. 收到奉贤农业机械厂交来的面值 28 080 元的转账支票一张,并已办妥进账手续。该笔货款在××××年已被确认为坏账。
12. 拨缴工会经费 9 684.80 元,通过网银转账。

(六) 12 月 9 日

13. 购入 1 000 元办公用品,以现金支付,行政管理部门当即领用。
14. 委托银行支付前欠江苏长通运输有限公司运输费 1 090 元。
15. 向金华云民木箱厂购进一批木箱,价税款合计 5 876 元,通过网银转账支付,木箱已验收入库。

(七) 12 月 11 日

16. 向武汉海宏有限责任公司销售乙产品 50 台,每台售价 11 000 元,增值税税率 13%,货税款未收。

(七)- 16

(七)- 17

17. 通过金华证券营业部购入 02 国债(10)50 000 份(50 手,每手 1 000 份),价款 53 500 元,佣金 53.50 元,公司将其划分为交易性金融资产。
18. 通过网银转账方式向金华技术开发研究所预付新产品研发费 100 000 元。

(八) 12 月 12 日

19. 开出现金支票一张,从银行提取现金 3 000 元备用。
20. 向武汉九头鸟公司销售乙产品 10 台,每台售价 10 000 元,增值税税率 13%,收到该公司交来的商业承兑汇票一份,面值 113 000 元。

(九) 12月15日

21. X-63型设备已无法使用,申请报废,该设备原值25 000元,已提折旧23 000元,另外通过网银转账支付报废设备清理费用1 200元。

22. 以现金支付金华综合服务有限公司刻章费用65元。

23. 向税务部门申报缴纳增值税200 650元。

(九)-21

(九)-23

(十) 12月16日

24. 向税务部门申报缴纳城市维护建设税14 045.50元,教育费附加6 019.50元,地方教育费附加4 013元,印花税2 000元,企业社会保险费40 701.26元,个人社会保险费50 017元及代扣公司职工个人所得税2 762.25元。通过网银转账支付滞纳金61.28元。

25. 产品生产完工验收入库,其中甲产品100台,乙产品60台。

(十)-24

(十)-25

26. 行政部门申请出售一台闲置的海尔空调,该空调原值4 000元,已提折旧2 500元。

27. 向金华静安有限公司出售C原材料1吨,价税合计4 000元,货款通过网银收存。

28. 由于仓库被盗,通过清查发现被盗的材料如下:A原材料7.5吨,C原材料0.5吨,D原材料0.5吨。通过批准予以转销,其中应由仓库保管员赔偿400元。

29. 通过证券公司出售本公司所持有的紫光股份5 000股,实际收到61 343.60元。

30. 经董事会决议,向银行申请期限为9个月的借款200 000元已取得并存入银行。

31. 上月所购入的A原材料115吨和B原材料40吨,现验收入库。

32. 出售报废的X-63型设备一台(质量为1 000千克),取得含增值税收入1 000元,货款通过网银收存银行。设备清理完毕,结转净损益。

(十)-28

(十)-29   (十)-32

（十一）12月17日

33. 开出现金支票一张，从银行提取现金8 000元备用。

34. 收到金华华大公司交来的转账支票一张，面值150 000元，当即将其背书转让给金华飞龙集团。

35. 向银行申请取得银行汇票一份，面值167 000元，另支付手续费5.85元。

（十一）-34

36. 公司员工李明因公出差，向公司预借差旅费2 000元，通过网银转账支付。

37. 基本生产车间领用材料，其中A原材料70吨，B原材料65吨，C原材料65吨，D原材料30吨。

38. 公司员工马莉报销医药费3 500元，以现金支付。

39. 通过网银转账支付业务关联企业采购员的食宿费2 500元。

（十二）12月18日

40. 签发转账支票予以支付公司职工薪酬449 390.75元。

41. 向江苏泰和有限责任公司销售甲产品80台，每台售价7 500元，增值税税率13%，收到该公司交来的银行汇票一份，面值678 000元，已办理进账手续。

42. 从证券市场购买大华股份股票10 000股，金额100 000元，另外支付相关税费315元，公司将其划分为交易性金融资产。

43. 向江苏电子机械厂购入D原材料30吨，该材料单价2 520元，金额75 600元，增值税9 828元，材料已验收入库，货税款未付。

44. 开出现金支票一张，从银行提取5 000元现金备用。

45. 通过网银转账支付中国太平洋保险公司财产保险费，价税合计1 080元。

（十三）12月19日

46. 以现金支付公司员工培训费800元。

47. 公司前欠上海天意商贸公司的货款6 000元，由于该公司已经注销而无法支付，经批准同意转销该笔货款。

48. 通过网银转账支付餐饮费4 360元。

49. 仓库发出D原材料，其中：基本生产车间领用20吨，公司管理部门领用1吨，销售部领用1吨，材料均用于房屋维护。

50. 以折扣销售方式向金华大中华物资经营有限公司销售乙产品44台，单价11 000元，增值税税率13%，产品已发出，折扣比例5%，货税款通过网银收存银行。

（十三）-50　　　　　（十三）-53

51. 向金华海德机械制造有限公司提供技术服务，款项53 000元通过网银收存银行。

52. 公司持有的南宁大发公司签发并承兑的商业汇票到期，收到票款160 000元。

53. 从金华三菱重工空调营业部购入空调 10 台,通过验收交付职工宿舍使用,货税款通过网银转账支付。

54. 以银行存款支付排污费 1 000 元。

（十四）12 月 22 日

55. 员工李明出差回来报销差旅费 3 544 元,通过网银转账支付补差旅费 1 544 元。

56. 以银行存款支付金华市电力公司 12 月份电费 14 273.50 元,税款 1 855.56 元。

57. 以银行存款支付金华市自来水公司 12 月份水费 6 705.13 元,税款 603.46 元。

（十四）- 55

58. 以银行存款支付中国电信金华分公司 11 月份电信服务费 2 620.71 元,税款 201.36 元。

59. 根据合同向开户银行申请开立信用证,金额 420 453 元,另支付手续费 525 元。

（十五）12 月 23 日

60. 完工产品验收入库,其中甲产品 40 台,乙产品 40 台。

61. 销售甲产品 2 台,单价 7 100 元,共计 14 200 元,增值税税率 13%。收到对方交来的银行本票一份,面值 16 046 元,已送存银行。

62. 委托银行支付前欠上海天马有限公司货款 460 000 元。

63. 用现金支付过桥过路费 850 元。

64. 从金华立信文化用品商店购买一批办公用品,当即由各部门领用,货税款 3 380.34 元通过网银转账支付。

65. 湖南长沙汽配公司前欠本公司货款 5 100 元,经确认无法收回,批准作为坏账处理。

66. 公司将持有的一张面额为 113 000 元的商业承兑汇票向中国工商银行申请贴现,收到贴现净额 112 417 元。

67. 公司向江西省时新商贸公司销售乙产品 35 台,单价 10 500 元,增值税税率 13%,产品已发出,货税款 415 275 元通过网银转账收存银行。

68. 公司通过网银转账支付收到香港万达公司前欠货款 85 600 元。

（十六）12 月 24 日

69. 向上海东方商贸有限公司销售甲产品 78 台,单价 7 000 元,增值税税率 13%,产品已发出,货税款通过网银转账收存银行。

70. 支付第 4 季度流动资金贷款和技术改造贷款利息 15 000 元。

71. 以现金折扣方式向金华永信有限责任公司销售甲产品 15 台,每台售价 7 400 元,乙产品 20 台,每台售价 10 500 元,增值税税率 13%,产品已发出。合同规定现金折扣条件为 5/10,2/20,n/30。

（十六）- 71

（十六）- 72

72. 公司从国外进口小轿车一辆,关税完税价格 420 453 元,以信用证结算,并缴纳关税 105 113.25 元,增值税 75 080.89 元,消费税 51 979.08 元,车辆购置税 57 754.53 元。汽车已验收交付使用,全部税款用银行存款支付。

73. 将现金 5 000 元送存银行。

74. 现金清查过程中发现盘盈现金 90 元,经财务主管批准作长款处理。

75. 公司归还原欠王平款项 182 000 元。

76. 向工商银行申请取得银行汇票一份,面值 460 000 元,另向银行支付手续费 9.1 元。

（十七）12 月 25 日

77. 公司通过网银转账方式向金华市第二建筑公司预付工程款 200 000 元。

78. 公司开出转账支票向金华阳光广告有限公司支付广告费 10 000 元,税款 600 元。

79. 公司正常报废机器设备一台,原价 24 000 元,已提折旧 18 400 元;由于自然灾害导致厂房损毁,其原值 50 000 元,已提折旧 9 000 元。

80. 出售正常报废机器设备取得含增值税收入 200 元,货税款通过网银转账收存银行。

81. 公司给困难员工发放职工困难补助 500 元,以现金支付。

82. 开出转账支票一张,面额为 4 905 元,用来支付下一年报刊费。

（十七）- 80

（十九）- 87

（十八）12 月 26 日

83. 公司向金华联丰建材经营部购买包装箱 60 只,单价 85 元,包装箱已验收入库,价税款以转账支票支付。

84. 公司向金华联丰建材经营部购买水泥 18 吨,单价 500 元,增值税税率 13%,货物已验收入库,货款以网银转账予以支付。

85. 根据投资协议向金华市东风机械厂投资 500 000 元,通过转账支票予以支付。

（十九）12 月 29 日

86. 发生办公楼维修费 14 000 元,款项尚未支付。

87. 支付第 4 季度新产品研发专项贷款利息 7 800 元。

88. 收到工商银行转来的存款利息收入 265 元。

（二十）12 月 31 日

89. 计算应缴房产税。

90. 计算应缴城镇土地使用税。

91. 通过网银转账收到金华永信有限责任公司转来的货款,按合同规定享受现金折扣。

92. 根据"外购水费分配表"分配水费。

（二十）- 91　　　　　　（二十）- 92

93. 根据"外购电费分配表"分配电费。
94. 根据"固定资产折旧计算表"计提本期固定资产折旧。
95. 按规定使用年限用直线法摊销无形资产。
96. 根据"工资结算汇总表"编制"工资费用分配表"分配职工工资。
97. 计提分配 12 月份应缴社会保险费和工会经费。

（二十）- 96　　　　　　（二十）- 97

98. 结转费用化研发支出。
99. 对紫光股份、大华股份和 02 国债(10)进行后续计量。
100. 根据"应收账款"和"其他应收款"科目的余额,按 10% 计提坏账准备。

（二十）- 99　　　　　　（二十）- 100

101. 计提产品质量保证费用。
102. 结转发出材料(销售材料)的成本。

（二十）- 102　　　　　　（二十）- 103

103. 根据制造费用明细账编制"制造费用分配表",分配结转制造费用。
104. 计算本期甲产品、乙产品的生产成本,并结转完工产品成本。

105. 结转本期已销售甲产品、乙产品的生产成本。

(二十)-104

(二十)-105

106. 向陕西省×××中心小学捐赠甲产品 5 台。

107. 将"应交税费——应交增值税"账户的余额转入"应交税费——未交增值税"账户。

108. 计算本期应缴纳的城市维护建设税、教育费附加。

109. 计算 12 月份应缴纳的企业所得税。

110. 将损益类账户的余额转入"本年利润"账户。

111. 结转本年实现的利润。

112. 将本年实现的净利润转入"利润分配"科目,并根据利润分配计算表提取盈余公积金、向投资者分配的利润,并结转未分配利润。

(二十)-106

(二十)-108

(二十)-112

三、模拟企业 12 月份发生的经济业务会计凭证

1-1

（贷款）借款凭证（申请书代收据）①

单位编号：			日期××××年12月1日			银行编号：									
收款单位	全称	金华市五湖机械有限公司		借款单位	全称	中国工商银行金华市长安里支行									
	往来户账号	8145105867508100882			放款户账号	3222061050632588816									
	开户银行	工行长安里支行			开户银行	工行长安里支行									
借款期限（最后还款日）		6个月（××××年6月1日）		借款计划指标											
借款申请金额		人民币（大写） 伍拾万元整				千	百	十	万	千	百	十	元	角	分
								¥5	0	0	0	0	0	0	0
借款原因及用途				银行核定金额		千	百	十	万	千	百	十	元	角	分
								¥5	0	0	0	0	0	0	0
期限	计划还款日期	√	计划还款日期	银行审批											
					负责人		信贷部门主管			信贷员						
兹根据你行贷款办法规定，申请办理上述借款，请核定贷款。此致（借款单位预留往来户印章）				会计分录（付出）户对方科目：（收入）											
				会计		复核			记账						

2－1

银行承兑汇票 2

XI02985782

签发日期（大写）××××年壹拾壹月零叁日　　　　第　号

收款人	全　称	金华市五湖机械有限公司	承兑申请人	全　称	河北衡丰发电有限公司
	账　号	8145105867508100882		账　号	54868888883248856298
	开户行	工行长安里支行　行号 102338001388		开户行	建行电厂专业支行

汇票金额	人民币（大写）壹拾捌万陆仟元整	千	百	十	万	千	百	十	元	角	分
				¥	1	8	6	0	0	0	0

汇票到期日	××××年01月03日	承兑协议编号	

本汇票送存你银行承兑，并确认《银行结算办法》和承兑协议的各项规定。
此致
承兑银行
承兑申请人签章
××××年11月3日

（河北衡丰发电有限公司 财务专用章）

科目（付）

对方科目（收）

转账

本汇票经本行承兑，到期日由本行付交。

××银行财务专用

承兑银行盖章
××××年11月3日

黄平立印

汇票签发人盖章

负责　　经办

日期　　年　月　日

复核　　记账

此联收款人开户银行向承兑银行收取票款时作联行往来账付出传票

2－2

中国工商银行贴现清单

客户号：123199886	日期：××××年12月03日
收款人账号：8145105867508100882	付款人账号：
收款人名称：金华市五湖机械有限公司	付款人名称：
收款人开户行：工行长安里支行	付款人开户行：

贴现实收金额：CNY185 256.00
人民币壹拾捌万伍仟贰佰伍拾陆元整

业务种类：银行汇票贴现　　业务编号：65071873　　凭证号码：

用途：银行汇票贴现

附言：
自助打印，请避免重复

交易机构：27669　　交易渠道：网上银行　　交易流水号：659836486－662　　经办

回单编号：××××1209965422268　　回单验证码：687L6PUTR9RT　　打印时间：金华市长安里支行　打印次数

（中国工商银行股份有限公司 金华市长安里支行 业务专用章）
3YBR2PYA
KEW9LKHD

2-3

国内业务付款回单

客户号：123199886	日期：××××年12月03日
付款人账号：8145105867508100882	收款人账号：
付款人名称：金华市五湖机械有限公司	收款人名称：
付款人开户行：工行长安里支行	收款人开户行：

金额：CNY744.00

人民币柒佰肆拾肆元整

业务种类：银行汇票贴现　　业务编号：65071873　　凭证号码：

用途：支付贴现利息

备注：

附言：

自助打印，请避免重复

交易机构：27669　　交易渠道：网上银行交易　　流水号：659836487—662　　经办：

回单编号：××××1209965422269　　回单验证码：687L6PUTR9RS　　打印时间：　　打印次数：

3-1

浙江省增值税专用发票

033079023667　　　　　　　　　发票联　　　　　　　　　No08871885

开票日期：××××年12月03日

检验码 72394 82033 11307 96325

购货单位	名　　称：金华市五湖机械有限公司	密码区	<6>958317<*4+-5+1327+-7/*64 >2115994831/9258<99/<984396 0302126<0871<9943*/3750<+-7 /*64>2115994831771/*65398>11
	纳税人识别号：913307101995141601		
	地址、电话：金华市长安里888号		
	开户行及账号：工行长安里支行 8145105867508100882		

货物或应税劳务、服务名称	规格型号	单位	数量	单价	金额	税率	税额
材料	ZD0001	吨	200	4 500.00	900 000.00	13%	117 000.00
合计					¥900 000.00	13%	¥117 000.00

价税合计（大写）　壹佰零壹万柒仟元整　　　　　（小写）¥1 017 000.00

销货单位	名　　称：金华电子机械厂	备注
	纳税人识别号：420563426735637	
	地址、电话：金华市五里路23号	
	开户行及账号：工行五里支行 8420452788886345518	

收款人：　　复核：　　开票人：刘叶　　销货单位：（章）

3－2

033079023667

浙江省增值税专用发票

№08871885

抵扣联

全国统一发票监制章
国家税务总局监制

开票日期：××××年12月03日

检验码 72394 82033 11307 96325

购货单位	名　　称	金华市五湖机械有限公司			密码区	＜6＞958317＜*4+-5+1327+-7/*64＞2115994831/9258＜99/＜9843960302126＜0871＜9943*/3750＜+-7/*64＞2115994831771/*65398＞11		
	纳税人识别号	913307101995141601						
	地　址、电　话	金华市长安里888号						
	开户行及账号	工行长安里支行8145105867508100882						
货物或应税劳务、服务名称	规格型号	单位	数量	单价	金额	税率	税额	
材料	ZD0001	吨	200	4 500.00	900 000.00	13%	117 000.00	
合计					￥900 000.00	13%	￥117 000.00	
价税合计（大写）		壹佰零壹万柒仟元整			（小写）￥1 017 000.00			
销货单位	名　　称	金华电子机械厂			备注			
	纳税人识别号	420563426735637						
	地　址、电　话	金华市五里路23号						
	开户行及账号	工银五里支行8420452788886345518						

国税函（××××）××××号

第一联抵扣联：购货方抵扣凭证

收款人：　　　复核：　　　开票人：刘叶　　　销货单位：（章）

（金华电子机械厂 发票专用章）

3－3

中国工商银行
转账支票存根

支票号码：XⅡ 415131

科　　目：

对方科目：

签发日期：××××年12月03日

收款人：	金华电子机械厂
金　额：	￥1 017 000.00
用　途：	支付购料款
备　注：	

单位主管：　　　　　　　　　　会计：

3-4

入 库 单

收货部门：仓库　　　　　　　　　××××年12月03日　　　　　　　　收字第　　号

种类	编号	名称	规格	数量	单位	单价	成本总额									第三联财务记账
							千	百	十	万	千	百	十	元	角	分	
材料		A原材料	ZD0001	200	吨	4 500.00		9	0	0	0	0	0	0	0	0	
备注：						合计	¥	9	0	0	0	0	0	0	0	0	

负责人：孙立　　　　　　记账：李涛　　　　　　验收：张华　　　　　　填单：刘为

4-1

被背书人　金华市五湖机械有限公司	被背书人	被背书人
背书：	背书：	背书：
[恒丰实业有限责任公司财务专用章] [程萍印章]		
日期　××××年12月04日	日期　　年　月　日	日期　　年　月　日

注：本支票正面金额为67 800.00元，正面内容从略。

4-2

国内业务收款回单

客户号：123199886	日期：××××年12月04日
收款人账号：8145105867508100882	付款人账号：32056371232888822008
收款人名称：金华市五湖机械有限公司	付款人名称：恒丰实业有限责任公司
收款人开户行：工行长安里支行	付款人开户行：建行和信路支行
金额：CNY67 800.00	
人民币陆万柒仟捌佰元整	

业务种类：支票背书　　业务编号：65071899　　凭证号码：

用途：租金

附言：

自助打印，请避免重复

交易机构：27669　　交易渠道：网上银行　　交易流水号：659836577—662　　经办：

回单编号：××××1209965422458　　回单验证码：687L6PUTR9TM　　打印时间：09：51：10　　打印次数：

4-3

033079023689

浙江省增值税专用发票

No08871257

此联不作报销，抵扣凭证使用　　开票日期：××××年12月04日

检验码 72394 82033 11307 96358

购货单位	名　　称：恒丰实业有限责任公司	密码区	<6>958317<*4+-5+1327+-7/*64>2115994831/9258<99/<9843960302126<0871<9943*/3750<+-7/*64>2115994831771/*78779>95
	纳税人识别号：330199514160578		
	地　址、电　话：金华市和信路8号84667678		
	开户行及账号：建行和信路支行 32056371232888822008		

货物或应税劳务、服务名称	规格型号	单位	数量	单价	金额	税率	税额
机器出租				60 000.00	60 000.00	13%	7 800.00
合计					¥60 000.00	13%	¥7 800.00

价税合计（大写）	陆万柒仟捌佰元整	（小写）¥67 800.00

销货单位	名　　称：金华市五湖机械有限公司	备注
	纳税人识别号：913307101995141601	
	地　址、电　话：金华市长安里888号	
	开户行及账号：工行长安里支行 8145105867508100882	

收款人：　　复核：　　开票人：刘浩　　销货单位：（章）

5-1

035025677827　　　　**福建省增值税专用发票**　　　　No 08878831

检验码 72394 82033 22307 96254　　　　开票日期：××××年12月04日

购货单位	名　称：金华市五湖机械有限公司 纳税人识别号：913307101995141601 地址、电话：金华市长安里888号 开户行及账号：工行长安里支行 8145105867508100882	密码区	<6>958317<*4+-5+1327+-7/*64 >2115994831/9258<99/<984396 0302126<0871<9943*/3750<+-7 /*64>2115994831771/*67518>44

货物或应税劳务、服务名称	规格型号	单位	数量	单价	金额	税率	税额
产品样本广告费					23 352.83	6%	1 401.17
合计					¥23 352.83	6%	¥1 401.17

价税合计（大写）	贰万肆仟柒佰伍拾肆元整	（小写）¥24 754.00

销货单位	名　称：厦门新星广告公司 纳税人识别号：420563426735655 地址、电话：厦门市北山路7号 开户行及账号：交行北山支行 6145100046875081123	备注	

收款人：　　　复核：　　　开票人：李画　　　销货单位：（章）

5-2

035025677827　　　　**福建省增值税专用发票**　　　　No 08878831

检验码 72394 82033 22307 96254　　　　开票日期：××××年12月04日

购货单位	名　称：金华市五湖机械有限公司 纳税人识别号：913307101995141601 地址、电话：金华市长安里888号 开户行及账号：工行长安里支行 8145105867508100882	密码区	<6>958317<*4+-5+1327+-7/*64 >2115994831/9258<99/<984396 0302126<0871<9943*/3750<+-7 /*64>2115994831771/*67518>44

货物或应税劳务、服务名称	规格型号	单位	数量	单价	金额	税率	税额
产品样本广告费					23 352.83	6%	1 401.17
合计					¥23 352.83	6%	¥1 401.17

价税合计（大写）	贰万肆仟柒佰伍拾肆元整	（小写）¥24 754.00

销货单位	名　称：厦门新星广告公司 纳税人识别号：420563426735655 地址、电话：厦门市北山路7号 开户行及账号：交行北山支行 6145100046875081123	备注	

收款人：　　　复核：　　　开票人：李画　　　销货单位：（章）

5-3

中国工商银行电子汇兑凭证

凭证号码 3744473

委托日期××××年12月04日　　　　第　号

<table>
<tr><td rowspan="4">汇款人</td><td>全称</td><td>金华市五湖机械有限公司</td><td rowspan="4">收款人</td><td>全称</td><td colspan="11">厦门新星广告公司</td></tr>
<tr><td>账号或住址</td><td>8145105867508100882</td><td>账号或住址</td><td colspan="11">6145100046875081123</td></tr>
<tr><td>汇出地</td><td>浙江省金华市</td><td>汇入地</td><td colspan="11">福建省厦门市</td></tr>
<tr><td>汇出行全称</td><td>工商银行长安里支行</td><td>汇入行全称</td><td colspan="11">交通银行北山支行</td></tr>
<tr><td colspan="2">金额</td><td colspan="3">人民币（大写）贰万肆仟柒佰伍拾肆元整</td><td>千</td><td>百</td><td>十</td><td>万</td><td>千</td><td>百</td><td>十</td><td>元</td><td>角</td><td>分</td></tr>
<tr><td colspan="2"></td><td colspan="3"></td><td colspan="2">¥</td><td>2</td><td>4</td><td>7</td><td>5</td><td>4</td><td>0</td><td>0</td></tr>
<tr><td colspan="5">汇款用途：产品样本广告费</td><td colspan="11" rowspan="2">（中国工商银行股份有限公司
金华市长安里支行
业务专用章
3YBR2PYA
KEW9LKHD）
复核　　　经办</td></tr>
<tr><td colspan="5">注：如需加急，请汇款人在括号里注明"加急"字样。（　）</td></tr>
</table>

第一联 汇出行给汇款人的回单

5-4

国内业务付款回单

客户号：123199886	日期：××××年12月04日
付款人账号：8145105867508100882	收款人账号：
付款人名称：金华市五湖机械有限公司	收款人名称：
付款人开户行：工行长安里支行	收款人开户行：

金额：CNY24.75

人民币贰拾肆元柒角伍分

业务种类：收费	业务编号：65248757	凭证号码：

用途：汇兑手续费

备注：

附言：

自助打印，请避免重复

交易机构：27669　　交易渠道：网上银行　　交易流水号：659836698—566　　经办：

回单编号：××××1209965422668　　回单验证码：698L6PUTR9KY　　打印时间：　　打印次数：

6-1

033079023620　　　**浙江省增值税专用发票**　　　No 08871892

发票联　　　开票日期：××××年12月04日

检验码 72394 82033 11307 96355

购货单位	名　　称	金华市五湖机械有限公司	密码区	<6>958317<*4+-5+1327+-7/*64 >2115994831/9258<99/<984396 0302126<0871<9943*/3750<+-7 /*64>2115994831771/*65398>75
	纳税人识别号：	913307101995141601		
	地　址、电　话：	金华市长安里888号		
	开户行及账号：	工行长安里支行 8145105867508100882		

货物或应税劳务、服务名称	规格型号	单位	数量	单价	金额	税率	税额
清洁费					1 886.79	6%	113.21
合计					¥1 886.79	6%	¥113.21

价税合计（大写）	贰仟元整	（小写）¥2 000.00

销货单位	名　　称	金华综合服务有限公司	备注	
	纳税人识别号：	330106570101123		
	地　址、电　话：	金华市白龙桥路35号 88802489		
	开户行及账号：	工行白龙桥支行 3301819567900005622		

收款人：　　复核：　　开票人：何平　　销货单位：（章）

第二联 发票联：购货方记账凭证

国税函（××××）××××号

6-2

033079023620　　　**浙江省增值税专用发票**　　　No 08871892

抵扣联　　　开票日期：××××年12月04日

检验码 72394 82033 11307 96355

购货单位	名　　称	金华市五湖机械有限公司	密码区	<6>958317<*4+-5+1327+-7/*64 >2115994831/9258<99/<984396 0302126<0871<9943*/3750<+-7 /*64>2115994831771/*65398>75
	纳税人识别号：	913307101995141601		
	地　址、电　话：	金华市长安里888号		
	开户行及账号：	工行长安里支行 8145105867508100882		

货物或应税劳务、服务名称	规格型号	单位	数量	单价	金额	税率	税额
清洁费					1 886.79	6%	113.21
合计					¥1 886.79	6%	¥113.21

价税合计（大写）	贰仟元整	（小写）¥2 000.00

销货单位	名　　称	金华综合服务有限公司	备注	
	纳税人识别号：	330106570101123		
	地　址、电　话：	金华市白龙桥路35号 88802489		
	开户行及账号：	工行白龙桥支行 3301819567900005622		

收款人：　　复核：　　开票人：何平　　销货单位：（章）

第一联 抵扣联：购货方抵扣凭证

国税函（××××）××××号

6-3

国内业务付款回单

客户号：123199886	日期：××××年12月04日
付款人账号：8145105867508100882	收款人账号：3301819567900005622
付款人名称：金华市五湖机械有限公司	收款人名称：金华综合服务有限公司
付款人开户行：工行长安里支行	收款人开户行：工行白龙桥支行
金额：CNY2 000.00	
人民币贰仟元整	

业务种类：转账支出　　业务编号：65248872　　凭证号码：

用途：清洁费

备注：

附言：
自助打印，请避免重复

交易机构：27669　　交易渠道：网上银行　　交易流水号：659836798—568

回单编号：××××1209965422703　　回单验证码：687L6PUTE9RT　　打印时间：12：11：15　　打印次数：

（中国工商银行股份有限公司 金华市长安里支行 业务专用章 3YBR2PYA KEW9LKHD）

7-1

033079024791　　**浙江省增值税专用发票**　　No 08876529

（全国统一发票监制章 国家税务总局监制）
发票联

开票日期：××××年12月04日

检验码 72394 82033 11307 69658

购货单位	名　　称：金华市五湖机械有限公司	密码区	<6>958317<*4+-5+1327+-7/*64 >2115994831/9258<99/<984396 0302126<0871<9943*/3750<+-7 /*64>2115994831771/*65398>08
	纳税人识别号：913307101995141601		
	地址、电话：金华市长安里888号		
	开户行及账号：工行长安里支行 8145105867508100882		

货物或应税劳务、服务名称	规格型号	单位	数量	单价	金额	税率	税额
培训费					1 000.00	6%	60.00
合　计					￥1 000.00	6%	￥60.00

价税合计（大写）　壹仟零陆拾元整　　（小写）￥1 060.00

销货单位	名　　称：浙江师范大学行知学院	备注	（浙江师范大学行知学院 发票专用章）
	纳税人识别号：330199514160889		
	地址、电话：金华市北二环路888号		
	开户行及账号：工行浙师大支行 8145105867556800098		

收款人：　　复核：　　开票人：赵有成　　销货单位：

第二联 发票联：购货方记账凭证

国税函（××××）××××号

7-2

033079024791

浙江省增值税专用发票

No 08876529

抵扣联

检验码 72394 82033 11307 69658

开票日期：××××年12月04日

购货单位	名　　称：金华市五湖机械有限公司 纳税人识别号：913307101995141601 地　址、电　话：金华市长安里888号 开户行及账号：工行长安里支行8145105867508100882	密码区	<6>958317<*4+-5+1327+-7/*64 >2115994831/9258<99/<984396 0302126<0871<9943*/3750<+-7 /*64>2115994831771/*65398>08

货物或应税劳务、服务名称	规格型号	单位	数量	单价	金额	税率	税额
培训费					1 000.00	6%	60.00
合计					￥1 000.00	6%	￥60.00

价税合计（大写）	壹仟零陆拾元整	（小写）￥1 060.00

销货单位	名　　称：浙江师范大学行知学院 纳税人识别号：330199514160889 地　址、电　话：金华市北二环路888号 开户行及账号：工行浙大支行8145105867556800098	备注	

收款人：　　　复核：　　　开票人：赵有成　　　销货单位：

7-3

中国工商银行
转账支票存根

支票号码：XII 415132

科　　目：

对方科目：

签发日期：××××年12月04日

收款人：赵有成
金　额：￥1 060.00
用　途：浙师大行知学院培训费
备　注：

单位主管：　　　　　　　　　　　会计：

8-1

033079028870　　**浙江省增值税普通发票**　　No 08878865

此联不作报销凭证使用　　　　　　　开票日期：××××年12月04日

检验码 72394 82033 11307 74366

购货单位	名　　称：金华市物资经营公司 纳税人识别号：330199514166646 地　址、电　话：金华市将军路10号 84667008 开户行及账号：工行莘庄支行 3202448888052065626	密码区	<6>958317<*4+-5+1327+-7/*64 >2115994831/9258<99/<984396 0302126<0871<9943*/3750<+-7 /*64>2115994831771/*78779>95

货物或应税劳务、服务名称	规格型号	单位	数量	单价	金额	税率	税额
A 原材料下脚料					3 539.82	13%	460.18
合计					¥ 3 539.82	13%	¥460.18

价税合计（大写）　　肆仟元整　　　　　（小写）¥4 000.00

销货单位	名　　称：金华市五湖机械有限公司 纳税人识别号：913307101995141601 地　址、电　话：金华市长安里888号 开户行及账号：工行长安里支行 8145105867508100882	备注	

收款人：　　　复核：　　　开票人：刘浩　　　销货单位：（章）

8-2

中国工商银行金华市分行支票　　支票号码：DN 044356

出票日期（大写）××××年壹拾贰月零肆日　　付款行名称：工行莘庄支行
收款人：金华市五湖机械有限公司　　　　　　　出票人账号：3202448888052065626

人民币（大写）	肆仟元整	千	百	十	万	千	百	十	元	角	分
					¥	4	0	0	0	0	0

用途：购买废料

上列款项请从　　　　　　　　　　　　　　　科　目(借)：
我账户内支付　　金华市物资经营公司　　　　对方科目(贷)：
　　　　　　　　　财务专用章　　李晖
出票人签章　　　　　　　　　　　　　　　　复核　　　　记账

8－3

国内业务收款回单

客户号：123199886	日期：××××年12月04日
收款人账号：8145105867508100882	付款人账号：3202448888052065626
收款人名称：金华市五湖机械有限公司	付款人名称：金华市物资经营公司
收款人开户行：工行长安里支行	付款人开户行：工行莘庄支行
金额：CNY4 000.00	
人民币肆仟元整	

业务种类：银行转账　　业务编号：65085873　　凭证号码：

用途：货款

备注：

附言：
自助打印，请避免重复

交易机构：27669　　交易渠道：网上银行　　交易流水号：659836811—662

回单编号：××××1209965422729　　回单验证码：687L6PUMTD8RT　　打印时间：12:15:10

（中国工商银行股份有限公司 金华市长安里支行 业务专用章 3YBR2PYA KEW9LKHD）

9－1

中国工商银行银行汇票申请书(存根)1

申请日期××××年12月05日　　第　号

申请人	金华市五湖机械有限公司		收款人	江苏昆山商贸公司									
账号或住址	8145105867508100882		账号或住址	4204778888673500368									
用途	支付购货款		代理付款行	工行长安里支行									
汇票金额	人民币（大写）	陆拾万元整		千	百	十	万	千	百	十	元	角	分
						¥ 6	0	0	0	0	0	0	0
上列款项请从我账户内支付 申请人盖章	（金华市五湖机械有限公司 财务专用章）		科　目（借）：										
			对方科目（贷）：										
		（王平印章）	转账日期：　　年　月　日										
			复核：　　　　　　　记账：										

此联申请人保留

9－2

国内业务付款回单

客户号：123199886	日期：××××年12月05日
付款人账号：8145105867508100882	收款人账号：
付款人名称：金华市五湖机械有限公司	收款人名称：
付款人开户行：工行长安里支行	收款人开户行：

金额：CNY21.00

人民币贰拾壹元整

业务种类：收费	业务编号：65248757	凭证号码：

用途：汇票申请手续费

备注：

附言：

自助打印，请避免重复

交易机构：27669	交易渠道：网上银行	交易流水号：659836897－566
回单编号：××××1209965422773	回单验证码：698L6PUTR7CM	打印时间：12：18：00 打印次数：

（中国工商银行股份有限公司 金华市长安里支行 经业务专用章）

10－1

032235420475

江苏省增值税专用发票

No 08876563

开票日期：××××年12月05日

检验码 97324 82033 11307 96322

购货单位	名　　称：金华市五湖机械有限公司 纳税人识别号：913307101995141601 地　址、电话：金华市长安里888号 开户行及账号：工行长安里支行 8145105867508100882	密码区	＜7＞958317＜*4+-5+1327+-7/*64＞2115994831/9258＜99/＜984396 0302126＜0871＜9943*/3750＜+-7/*64＞2115994831771/*65398＞94

货物或应税劳务、服务名称	规格型号	单位	数量	单价	金额	税率	税额
材料	YZ0001	吨	130	3 846.15	500 000.00	13%	65 000.00
合计					￥500 000.00	13%	￥65 000.00

价税合计（大写）	伍拾陆万伍仟元整	（小写）￥565 000.00

销货单位	名　　称：江苏昆山商贸公司 纳税人识别号：520563426735688 地　址、电话：昆山市丰都路25号 开户行及账号：工行丰都路支行 4204778888673500368	备注	（江苏昆山商贸公司 发票专用章）

收款人：　　　复核：　　　开票人：李峰　　　销货单位（发票专用章）

第二联 发票联：购货方记账凭证

国税函（××××）××号

10－2

江苏省增值税专用发票

032235420475　　　　　　　　　　　　　　　　　　　　　No 08876563

抵扣联

检验码 973244 82033 11307 96322　　　　　　　　　　开票日期：××××年12月05日

购货单位	名　　称：金华市五湖机械有限公司 纳税人识别号：913307101995141601 地　址、电话：金华市长安里888号 开户行及账号：工行长安里支行 8145105867508100882	密码区	＜7＞958317＜*4+-5+1327+-7/*64 ＞2115994831/9258＜99/＜984396 0302126＜0871＜9943*/3750＜+-7 /*64＞2115994831771/*65398＞94

货物或应税劳务、服务名称	规格型号	单位	数量	单价	金额	税率	税额
材料	YZ0001	吨	130	3 846.15	500 000.00	13%	65 000.00
合计					￥500 000.00	13%	￥65 000.00

价税合计（大写）	伍拾陆万伍仟元整	（小写）￥565 000.00

销货单位	名　　称：江苏昆山商贸公司 纳税人识别号：520563426735688 地　址、电话：昆山市丰都路25号 开户行及账号：工行丰都路支行 4204778888673500368	备注	（发票专用章）

收款人：　　　　复核：　　　　开票人：李峰　　　　销货单位：（章）

第一联抵扣联：购货方抵扣凭证

国税函（××××）××××号

10－3

江苏省增值税专用发票

032235420752　　　　　　　　　　　　　　　　　　　　　No 08876672

发票联

检验码 97324 82033 11307 69446　　　　　　　　　　开票日期：××××年12月05日

购货单位	名　　称：金华市五湖机械有限公司 纳税人识别号：913307101995141601 地　址、电话：金华市长安里888号 开户行及账号：工行长安里支行 8145105867508100882	密码区	＜7＞958317＜*4+-5+1327+-7/*64 ＞2115994831/9258＜99/＜984396 0302126＜0871＜9943*/3750＜+-7 /*64＞2115994831771/*65389＞59

货物或应税劳务、服务名称	规格型号	单位	数量	单价	金额	税率	税额
运输费					1 000.00	9%	90.00
合计					￥1 000.00	9%	￥90.00

价税合计（大写）	壹仟零玖拾元整	（小写）￥1 090.00

销货单位	名　　称：江苏长通运输有限公司 纳税人识别号：420563426736296 地　址、电话：昆山市丰都路100号 开户行及账号：工行丰都路支行 4204778888738596562	备注	（发票专用章）

收款人：　　　　复核：　　　　开票人：刘林　　　　销货单位：（章）

第二联发票联：购货方记账凭证

国税函（××××）××××号

10-4

032235420752　　**江苏省增值税专用发票**　　No 08876672

抵扣联

检验码 97324 82033 11307 69446　　　开票日期：××××年12月05日

购货单位	名　　　称：金华市五湖机械有限公司
	纳税人识别号：913307101995141601
	地　址、电　话：金华市长安里888号
	开户行及账号：工行长安里支行 8145105867508100882

密码区：
<7>958317<*4+-5+1327+-7/*64
>2115994831/9258<99/<984396
0302126<0871<9943*/3750<+-7
/*64>2115994831771/*65389>59

货物或应税劳务、服务名称	规格型号	单位	数量	单价	金额	税率	税额
运输费					1 000.00	9%	90.00
合计					¥1 000.00	9%	¥90.00

价税合计（大写）　壹仟零玖拾元整　　　（小写）¥1 090.00

销货单位	名　　　称：江苏长通运输有限公司
	纳税人识别号：420563426736296
	地　址、电　话：昆山市丰都路100号
	开户行及账号：工行丰都路支行 4204778888738596562

备注：（江苏长通运输有限公司 发票专用章）

收款人：　　　复核：　　　开票人：刘林　　　销货单位：（章）

第一联抵扣联：购货方抵扣凭证

国税函(××××)××××号

10-5

入 库 单

收货部门：仓库　　　××××年12月05日　　　收字第　　号

种类	编号	名称	规格	数量	单位	单价	成本总额								
							千	百	十	万	千	百	十	元	角	分
材料		B原材料	YZ0001	130	吨	3 853.85			5	0	1	0	0	0	0	0
备注：						合计	¥		5	0	1	0	0	0	0	0

负责人：孙立　　　记账：李涛　　　验收：张华　　　填单：刘为

第三联 财务记账

10-6

付款期限 贰个月	中国工商银行 银行汇票多余款收账通知 4				汇票号码 第X01213

出票日期（大写）：××××年壹拾贰月零伍日	代理付行：长安里支行	行号：102338001388

收款人：江苏昆山商贸公司

出票金额	人民币（大写）	陆拾万元整									
实际结算金额	人民币（大写）	伍拾陆万伍仟元整	千	百	十	万	千	百	十	元	角	分
			¥	5	6	5	0	0	0	0	0

申请人：	账号或住址：
出票行：	行号：
备注：	

出票行盖章 中国工商银行股份有限公司
金华市长安里支行 业务专用章
3YBR2PYA KEW9LKHD

密押	左列退回多余金额已收入你账户内
多余金额 千 百 十 万 千 百 十 元 角 分	
年 月 日 ¥ 3 5 0 0 0 0 0	财务主管： 复核： 经办：

此联出票行结清多余款后交申请人

11-1

中国工商银行金华市分行支票

支票号码：DN 045866

出票日期（大写）××××年壹拾贰月零捌日	付款行名称：工行奉贤支行
收款人：金华市五湖机械有限公司	出票人账号：3202259888855006569

人民币（大写）	贰万捌仟零捌拾元整	千	百	十	万	千	百	十	元	角	分
					¥	2	8	0	8	0	0 0

用途：货款
上列款项请从
我账户内支付

奉贤农业机械厂 财务专用章   强张 印国

出票人签章

科 目（借）：
对方科目（贷）：

复核   记账

注：货款在××××年已作为应收账款坏账损失转销，此次重新收回。

11-2

国内业务收款回单

客户号：123199886　　　　　　　　　　　日期：××××年12月08日

收款人账号：8145105867508100882　　　付款人账号：3202259888855006569

收款人名称：金华市五湖机械有限公司　　　付款人名称：奉贤农业机械厂

收款人开户行：工行长安里支行　　　　　　付款人开户行：工行奉贤支行

金额：CNY28 080.00

人民币贰万捌仟零捌拾元整

业务种类：银行转账　　业务编号：65085873　　凭证号码：

用途：货款

备注：

附言：

自助打印，请避免重复

交易机构：27669　　交易渠道：网上银行　　交易流水号：659841698-889　　经办：

回单编号：××××1209965423077　　回单验证码：687L6PUTR8PK　　打印时间：14：11：16　　打印次数：

12-1

工会经费收入专用收据

国财01601　　　　　　　　　　　××××年12月08日　　　　　　　　　No.02036822

缴款单位（个人）：金华市五湖机械有限公司

项目	内容	金额							
		万	千	百	十	元	角	分	
公司拨缴工会经费			9	6	8	4	8	0	②收据

金额（大写）玖仟陆佰捌拾肆元捌角整　　　　　　　（小写）¥9 684.80

备注：

收款单位（盖章）：　　　　复核人：　　　　收款人：周莉

12-2

国内业务付款回单

客户号：123199886　　　　　　　　　　日期：××××年12月08日

付款人账号：8145105867508100882　　　收款人账号：8420420888845279971

付款人名称：金华市五湖机械有限公司　　收款人名称：金华市总工会

付款人开户行：工行长安里支行　　　　　收款人开户行：工行文化路支行

金额：CNY9 684.80

人民币玖仟陆佰捌拾肆元捌角整

业务种类：转账支出　　业务编号：65248872　　凭证号码：

用途：上缴工会经费

备注：

附言：

自助打印，请避免重复

交易机构：27669　　交易渠道：网上银行　　交易流水号：659841798—889

回单编号：××××1209965423168　　回单验证码：687L8UPTR9RT　　打印时间：14：20：46　　打印版数：

（中国工商银行股份有限公司 金华市长安里支行 业务专用章 3YBR2PYA KEW9LKHD）

13-1

浙江省增值税普通发票

033079124791　　　　　　　　　　　　　　　　　　　　No 08876539

（全国统一发票监制章 国家税务总局监制）

发票联

检验码 72394 82033 30711 63459　　　　　　开票日期：××××年12月09日

购货单位	名　称：金华市五湖机械有限公司	密码区	<6>958317<*4+-5+1327+-7/*64 >2115994831/9258<99/<984396 0302126<0871<9943*/3750<+-7 /*64>2115994831771/*83986>94
	纳税人识别号：913307101995141601		
	地址、电话：金华市长安里888号		
	开户行及账号：工行长安里支行 8145105867508100882		

货物或应税劳务、服务名称	规格型号	单位	数量	单价	金额	税率	税额
办公用品					884.96	13%	115.04
合计					¥884.96	13%	¥115.04

价税合计（大写）　壹仟元整　　　　　　　　　　（小写）¥1 000.00

销货单位	名　称：金华红剑文化用品公司	备注	（金华红剑文化用品公司 发票专用章）
	纳税人识别号：330199514144680		
	地址、电话：金华市玉泉路10号		
	开户行及账号：工行玉泉路支行 8145105867556880056		

收款人：　　复核：　　开票人：周芸　　销货单位：（章）

第二联 发票联：购货方记账凭证

国税局（××××）××××号

13－2

销售货物或提供劳务清单

购买方名称：金华市五湖机械有限公司
销售方名称：金华红剑文化用品公司
所属增值税普通发票代码：033079124791　　号码：08876539　　　　　　　共1页第1页

序号	货物劳务名称	规格型号	单位	数量	单价	金额	税率	税额
1	装订机		个	2	179.49	358.98	13%	46.67
2	回形针		盒	20	2.47	49.40	13%	6.42
3	固体胶		盒	5	17.09	85.47	13%	11.11
4	黑色水笔		盒	5	12.82	64.10	13%	8.33
5	红色水笔		盒	5	12.82	64.10	13%	8.33
6	书立		个	10	8.55	85.47	13%	11.11
7	档案盒		只	20	4.27	85.47	13%	11.11
8	橡皮擦		盒	2	21.37	42.74	13%	5.56
9	信笺		本	20	2.46	49.23	13%	6.40
合计	—	—	—	—	—	¥884.96	—	¥115.04

13－3

支 出 证 明 单

××××年12月09日　　　　　　　　　　　附件共1张

支出科目	摘要	金额（万千百十元角分）	备注
购办公用品	购装订机等	1 0 0 0 0 0	现金付讫

合计人民币（大写）：壹仟元整　　　　　　　　　　　¥1 000.00

核准：王政　　复核：孙立　　证明人：张利　　经手：张飞明

13－4

办公用品领用单

领用部门：行政办公室

品名	单位	数量
装订机	个	2
回形针	盒	20
固体胶	盒	5
黑色水笔	盒	5
红色水笔	盒	5
书立	个	10
档案盒	只	20
橡皮擦	盒	2
信笺	本	20

核准：王政　　　　复核：　　　　证明人：张利　　　　经手：张飞明

14－1

委托收款凭证（付款通知）5

第　号

委邮

委托日期　××××年12月09日　　　委托号码 420123
付款日期　　年　月　日

付款人	全称	金华市五湖机械有限公司	收款人	全称	江苏长通运输有限公司										
	账号或住址	8145105867508100882		账号	4204778888738596562										
	开户银行	工行长安里支行		开户银行	工行丰都路支行	行号									
委托收款	人民币（大写）	壹仟零玖拾元整				千	百	十	万	千	百	十	元	角	分
									¥	1	0	9	0	0	0
款项内容	运费	委托收款票据名称		附寄单证张数											
备注：			付款人注意： 1.应于检票当日通知开户银行划款； 2.如需拒付，应在规定期限内根据拒付理由书并附债务证明退交开户银行。												

单位主管：　　会计：　　复核：　　记账：　　付款人开户银行盖章：　年　月　日

此联收款人开户银行给付款人按期付款的通知

15－1

033079024551			**浙江省增值税专用发票**				No 08876779	
							开票日期：××××年12月09日	
检验码 72394 82033 22307 96958								

购货单位	名　　称	金华市五湖机械有限公司			密码区	<6>958317<*4+-5+1327+-7/*64>2115994831/9258<99/<9843960302126<0871<9943*/3750<+-7/*64>2115994831177/*65398>15		
	纳税人识别号	913307101995141601						
	地　址、电　话	金华市长安里888号						
	开户行及账号	工行长安里支行8145105867508100882						
货物或应税劳务、服务名称	规格型号	单位	数量	单价	金额	税率	税额	
木箱		个	100	52.00	5 200.00	13%	676.00	
合计					¥5 200.00	13%	¥676.00	
价税合计（大写）		伍仟捌佰柒拾陆元整			（小写）¥5 876.00			
销货单位	名　　称	金华云民木箱厂			备注			
	纳税人识别号	420563426732247						
	地　址、电　话	金华市密云路3号						
	开户行及账号	工行五里支行4204528888733266669						
收款人：		复核：		开票人：陈君		销货单位（章）		

第二联发票联：购货方记账凭证

15－2

033079024551			**浙江省增值税专用发票**				No 08876779	
			抵扣联				开票日期：××××年12月09日	
检验码 72394 82033 22307 96958								

购货单位	名　　称	金华市五湖机械有限公司			密码区	<6>958317<*4+-5+1327+-7/*64>2115994831/9258<99/<9843960302126<0871<9943*/3750<+-7/*64>2115994831177/*65398>15		
	纳税人识别号	913307101995141601						
	地　址、电　话	金华市长安里888号						
	开户行及账号	工行长安里支行8145105867508100882						
货物或应税劳务、服务名称	规格型号	单位	数量	单价	金额	税率	税额	
木箱		个	100	52.00	5 200.00	13%	676.00	
合计					¥5 200.00	13%	¥676.00	
价税合计（大写）		伍仟捌佰柒拾陆元整			（小写）¥5 876.00			
销货单位	名　　称	金华云民木箱厂			备注			
	纳税人识别号	420563426732247						
	地　址、电　话	金华市密云路3号						
	开户行及账号	工行五里支行4204528888733266669						
收款人：		复核：		开票人：陈君		销货单位（章）		

第一联抵扣联：购货方抵扣凭证

15－3

入 库 单

收货部门：仓库　　　　　　　　××××年12月09日　　　　　　　　收字第　　号

种类	编号	名称	规格	数量	单位	单价	成本总额							
							千	百	十	万	千	百	十	元	角	分
周转材料		木箱		100	个	52.00					5	2	0	0	0	0
备注：						合计	¥				5	2	0	0	0	0

负责人：孙立　　　　　记账：李涛　　　　　验收：张华　　　　　填单：刘为

第三联 财务记账

15－4

国内业务付款回单

客户号：123199886	日期：××××年12月09日
付款人账号：8145105867508100882	收款人账号：4204528888733266669
付款人名称：金华市五湖机械有限公司	收款人名称：金华云民木箱厂
付款人开户行：工行长安里支行	收款人开户行：工行五里支行
金额：CNY5 876.00	
人民币伍仟捌佰柒拾陆元整	

业务种类：转账支出	业务编号：65248872	凭证号码：
用途：购料款			
备注：			
附言：			
自助打印，请避免重复			
交易机构：27669	交易渠道：网上银行	交易流水号：659836998－889	经办：
回单编号：××××1209965423364	回单验证码：687L6PUTR7CT	打印时间：12：20：46	打印次数：

（印章：中国工商银行股份有限公司 金华市长安里支行 业务专用章 3YBR2PYA KEW9LKHD）

16－1

033079023689　　　**浙江省增值税专用发票**　　　No.08871258

此联不作报销、抵扣凭证使用　　　开票日期：××××年12月11日

检验码 72394 82033 23307 96351

购货单位	名　　称：武汉海宏有限责任公司 纳税人识别号：420157632451362256 地　址、电　话：武汉市中华路302号 87674588 开户行及账号：工行中华路支行 4206888845696133582	密码区	＜6＞958317＜*4+-5+1327+-7/*64 ＞2115994831/9258＜99／＜984396 0302126＜0871＜9943*/3750＜+-7 /*59＞2115994831771/*78771＞93

货物或应税劳务、服务名称	规格型号	单位	数量	单价	金额	税率	税额
乙产品		台	50	11 000.00	550 000.00	13%	71 500.00
合计					¥550 000.00	13%	¥71 500.00

价税合计（大写）	陆拾贰万壹仟伍佰元整	（小写）¥621 500.00

销货单位	名　　称：金华市五湖机械有限公司 纳税人识别号：913307101995141601 地　址、电　话：金华市长安里888号 开户行及账号：工行长安里支行 8145105867508100882	备注

收款人：　　　复核：　　　开票人：刘浩　　　销货单位：（章）

16－2

出　库　单

发货部门：仓库　　　　　　　　　　　　　　　第　号
收货单位：武汉海宏有限责任公司　　　　　　　××××年12月11日

类别	编号	名称型号	单位	应发数量	实发数量	单位成本	金额
产品		乙产品	台	50	50		
备注：						合计	

负责人：　　　经发：　　　保管：黄改云　　　填单：

17-1

金华证券中央登记结算公司
金华证券营业部

成交过户交割凭证

××××年12月11日买入

股东编号：××××××××	证券名称：02国债（10）
股东名称：金华市五湖机械有限公司	成交数量：50手
公司代号：×××××	成交价格：1 070.00元/手
资金账号：×××××	成交金额：53 500.00元
申请编码：×××××	交易佣金：53.50元
申请时间：××××	过 户 费：0.00元
成交时间：××××	印 花 税：0.00元
成交前资金余额：	附加费用：0.00元
成交后资金余额：	实付金额：53 553.50元

经办单位：金华证券　　　　　　　客户签章：金华市五湖机械有限公司

注：准备随时出售。

18-1

技术开发委托书

　　兹委托金华技术开发研究所进行产品文案、实验、样品制作等相关工作，不拥有产品知识产权并有义务保证委托人完全拥有知识产权。产品研发成功投产后，被委托人将获得贰拾万元的佣金，并可以在不影响委托人知识产权受损失的情况下发表论文。被委托人在产品研发期间产生的材料费实报实销，并保证不泄露任何知识产权、商业相关秘密。以上知识产权自产品投产后五年止，期间如因被委托人不当行为对委托人造成损失，被委托人按损失额10倍承担赔偿及相关法律责任。

委 托 人：金华市五湖机械有限公司

被委托人：金华技术开发研究所

××××年12月11日

18 - 2

国内业务付款回单

客户号：123199886	日期：××××年12月11日
付款人账号：8145105867508100882	收款人账号：4204528888733293461
付款人名称：金华市五湖机械有限公司	收款人名称：金华技术开发研究所
付款人开户行：工行长安里支行	收款人开户行：工行五里支行
金额：CNY100 000.00	
人民币壹拾万元整	

业务种类：转账支出　　业务编号：65248872　　凭证号码：

用途：预付研发费

备注：

附言：

自助打印，请避免重复

交易机构：27669　　交易渠道：网上银行　　交易流水号：659837101—889

回单编号：××××1209965423509　　回单验证码：687L6PUTR4PQ　　打印时间：12：20：46　　打印次数：

（中国工商银行股份有限公司 金华市长安里支行 业务专用章 3YBR2PYA KEW9LKHD）

19 - 1

中国工商银行
现金支票存根

支票号码：XⅡ 576802

科　　目：

对方科目：

签发日期：××××年12月12日

收款人：金华市五湖机械有限公司
金　额：¥3 000.00
用　途：备用
备　注：

单位主管：　　　　　　　　会计：

20-1

033079023689　　　　**浙江省增值税专用发票**　　　　No 08871259

此联不作报销、抵扣凭证使用　　　开票日期：××××年12月12日

检验码 72394 82033 23307 97351

购货单位	名　　称：武汉九头鸟公司 纳税人识别号：420105786241673328 地　址、电话：武汉市江大路2号 84667188 开户行及账号：建行江大路支行 32022998444445637123	密码区	<6>958317<*4+-5+1327+-7/*64 >2115994831/9258<99/<984396 0302126<0871<9943*/3750<+-7 /*59>2115994831771/*78771>23

货物或应税劳务、服务名称	规格型号	单位	数量	单价	金额	税率	税额
乙产品		台	10	10 000.00	100 000.00	13%	13 000.00
合计					￥100 000.00	13%	￥13 000.00

价税合计（大写）　　壹拾壹万叁仟元整　　　　（小写）￥113 000.00

销货单位	名　　称：金华市五湖机械有限公司 纳税人识别号：913307101995141601 地　址、电话：金华市长安里888号 开户行及账号：工行长安里支行 8145105867508100882	备注	

收款人：　　　复核：　　　开票人：刘浩　　　销货单位：（章）

第三联记账联：销货方记账凭证

国税函（××××）××号

20-2

出　库　单

发货部门：仓库　　　　　　　　　　　　　　　　　第　号
收货单位：武汉九头鸟公司　　　　　　　　　　　××××年12月12日

类别	编号	名称型号	单位	应发数量	实发数量	单位成本	金额
产品		乙产品	台	10	10		
备注：						合计	

负责人：　　　经发：　　　保管：黄改云　　　填单：

第三联财务记账

20-3

商业承兑汇票

出票日期（大写）：××××年壹拾贰月壹拾贰日

编号：2 00100032 22980924

付款人	全称	武汉九头鸟公司		收款人	全称	金华市五湖机械有限公司	
	账号	32022998444445637123			账号	8145105867508100882	
	开户银行	建行江大路支行	行号 034256		开户银行	工行长安里支行	行号 001388

出票金额	人民币（大写）壹拾壹万叁仟元整	千 百 十 万 千 百 十 元 角 分 ¥ 1 1 3 0 0 0 0 0
汇票到期日		交易合同号码

本汇票已经承兑，到期无条件支付票款
（武汉九头鸟公司财务专用章）
承兑日期××××年12月12日
承兑人签章：凡李印

本汇票请予以承兑于到期日付款
（武汉九头鸟公司财务专用章）
出票人签章：凡李印

此联持票人开户行作借方凭证附件
开户行随委托收款凭证寄付款人

21-1

设备报废申请单

××××年12月15日

固定资产编号及名称	型号、规格技术特征	单位	数量	原值	预计残值	已提折旧	净值	报废原因
××设备	X-63	台	1	25 000.00	1 500.00	23 000.00	2 000.00	不能继续使用

主管部门： 主管审批：林冰 使用部门：加工车间 制单：李好

21－2

033079023620　　**浙江省增值税专用发票**　　№08872018

全国统一发票监制章　发票联　国家税务总局监制

开票日期：××××年 12 月 15 日

检验码 72394 82033 73307 96349

购货单位	名　　称：金华市五湖机械有限公司 纳税人识别号：913307101995141601 地 址、电 话：金华市长安里 888 号 开户行及账号：工行长安里支行 8145105867508100882			密码区	＜6＞958317＜*4+-5+1327+-7/*64 ＞2115994831/9258＜99/＜984396 0302126＜0871＜9943*/3750＜+-7 /*64＞2115994831771/*65398＞51		
货物或应税劳务、服务名称	规格型号	单位	数量	单价	金额	税率	税额
设备清理费					1 132.08	6%	67.92
合计					¥1 132.08	6%	¥67.92
价税合计（大写）	壹仟贰佰元整				（小写）¥1 200.00		
销货单位	名　　称：金华综合服务有限公司 纳税人识别号：330106570101123 地 址、电 话：金华市白龙桥路 35 号 88802489 开户行及账号：工行白龙桥支行 3301819567900005622			备注	金华综合服务有限公司 发票专用章		

收款人：　　复核：　　开票人：何平　　销货单位：（章）

国税函（××××）×××号

第二联发票联：购货方记账凭证

21－3

033079023620　　**浙江省增值税专用发票**　　№08872018

全国统一发票监制章　抵扣联　国家税务总局监制

开票日期：××××年 12 月 15 日

检验码 72394 82033 73307 96349

购货单位	名　　称：金华市五湖机械有限公司 纳税人识别号：913307101995141601 地 址、电 话：金华市长安里 888 号 开户行及账号：工行长安里支行 8145105867508100882			密码区	＜6＞958317＜*4+-5+1327+-7/*64 ＞2115994831/9258＜99/＜984396 0302126＜0871＜9943*/3750＜+-7 /*64＞2115994831771/*65398＞51		
货物或应税劳务、服务名称	规格型号	单位	数量	单价	金额	税率	税额
设备清理费					1 132.08	6%	67.92
合计					¥1 132.08	6%	¥67.92
价税合计（大写）	壹仟贰佰元整				（小写）¥1 200.00		
销货单位	名　　称：金华综合服务有限公司 纳税人识别号：330106570101123 地 址、电 话：金华市白龙桥路 35 号 88802489 开户行及账号：工行白龙桥支行 3301819567900005622			备注	金华综合服务有限公司 发票专用章		

收款人：　　复核：　　开票人：何平　　销货单位：（章）

国税函（××××）×××号

第一联抵扣联：购货方抵扣凭证

21-4

国内业务付款回单

客户号：123199886	日期：××××年12月15日
付款人账号：8145105867508100882	收款人账号：3301819567900005622
付款人名称：金华市五湖机械有限公司	收款人名称：金华综合服务有限公司
付款人开户行：工行长安里支行	收款人开户行：工行白龙桥支行
金额：CNY1 200.00	
人民币壹仟贰佰元整	

业务种类：转账支出	业务编号：65248872	凭证号码：
用途：支付清理费		
备注：		
附言：		
自助打印，请避免重复		
交易机构：27669　　交易渠道：网上银行　　交易流水号：659839577-831		
回单编号：××××1209965428663　　回单验证码：687L9PUTR9RT　　打印时间：14:18:46　　打印次数：		

（中国工商银行股份有限公司 金华市长安里支行 业务专用章 3YBR2PYA KEW9LKHD）

22-1

033079023667

浙江省增值税普通发票

No 08878642

发票联

开票日期：××××年12月15日

检验码 72394 82033 11307 74345

购货单位	名　　称：金华市五湖机械有限公司	密码区	<6>958317<*4+-5+1327+-7/*64 >2115994831/9258<99/<984396 0302126<0871<9943*/3750<+-7 /*64>2115994831771/*65256>95
	纳税人识别号：913307101995141601		
	地址、电话：金华市长安里888号		
	开户行及账号：工行长安里支行 8145105867508100882		

货物或应税劳务、服务名称	规格型号	单位	数量	单价	金额	税率	税额
刻章					61.32	6%	3.68
合计					¥61.32	6%	¥3.68
价税合计（大写）	陆拾伍元整				（小写）¥65.00		

销货单位	名　　称：金华综合服务有限公司	备注	
	纳税人识别号：330106570101123		
	地址、电话：金华市白龙桥路35号 88802489		
	开户行及账号：工行白龙桥支行 3301819567900005622		

收款人：　　复核：　　开票人：何平　　销货单位：（章）

（金华综合服务有限公司 发票专用章）

第二联 发票联：购货方记账凭证

国税函（××××）××××号

22－2

金华市五湖机械有限公司
零用现金报销单

申请部门：财务部　　　　　　××××年 12 月 15 日　　　　　　附件 1 张

付款内容	金额
刻章	65.00
	现金付讫
合计人民币（大写）陆拾伍元整	¥65.00

财务主管：孙立　　　　审批：×××　　　　申请人：×××　　　　出纳：刘浩

23－1

国内业务付款回单

客户号：123199886	日期：××××年 12 月 15 日
付款人账号：8145105867508100882	收款人账号：
付款人名称：金华市五湖机械有限公司	收款人名称：国家金库金华市中心金库
付款人开户行：工行长安里支行	收款人开户行：

金额：CNY200 650.00

人民币贰拾万零陆佰伍拾元整

业务种类：实时缴税	业务编号：98649294	凭证号码：2017011409224363
纳税人识别号：9133071019995141601	缴款书交易流水号：19326853	税票号码：3201701156770137200

征收机关名称：金华市国家税务局婺城税务分局

税（费）种名称：增值税　　　　　　　　所属日期：××××/11/01-11/30

附言：

自助打印，请避免重复

交易机构：27669	交易渠道：其他	交易流水号：659839579-831	经办：
回单编号：××××1209965428904	回单验证码：687L6PUWR9RT	打印日期：14：20：49	打印次数：

中国工商银行股份有限公司
金华市长安里支行
业务专用章
3YBR2PYA
KEW9LKHD

23-2

增值税纳税申报表
（一般纳税人适用）

根据国家税收法律法规及增值税相关规定制定本表。纳税人不论有无销售额，均应按税务机关核定的纳税期限填写本表，并向当地税务机关申报。

税款所属时间：xxxx 年 11 月 1 日至 xxxx 年 11 月 30 日　　　填表日期：xxxx 年 12 月 15 日　　　金额单位：元至角分

纳税人识别号	9	1	3	3	0	7	1	0	1	9	9	5	1	4	1	6	0	1		所属行业：制造业	

纳税人名称	金华市五湖机械有限公司（公章）	法定代表人姓名	王平	注册地址	金华市婺城区	生产经营地址	长安里888号
开户银行及账号	工行长安里支行		登记注册类型		有限公司	电话号码	

	项　目	栏次	一般项目		即征即退项目	
			本月数	本年累计	本月数	本年累计
销售额	（一）按适用税率计税销售额	1	1 912 560.00			
	其中：应税货物销售额	2	1 912 560.00			
	应税劳务销售额	3				
	纳税检查调整的销售额	4				
	（二）按简易办法计税销售额	5				
	其中：纳税检查调整的销售额	6				
	（三）免、抵、退办法出口销售额	7				
	（四）免税销售额	8				
	其中：免税货物销售额	9				
	免税劳务销售额	10				
税款计算	销项税额	11	325 135.20			
	进项税额	12	122 785.20			
	上期留抵税额	13	3 400.00			
	进项税额转出	14	1 700.00			
	免、抵、退应退税额	15				
	按适用税率计算的纳税检查应补缴税额	16				
	应抵扣税额合计	17=12+13-14-15+16	124 485.20			
	实际抵扣税额	18（如 17<11，则为17,否则为11）	124 485.20			
	应纳税额	19=11-18	200 650.00			
	期末留抵税额	20=17-18				
	简易计税办法计算的应纳税额	21				
	按简易计税办法计算的纳税检查应补缴税额	22				
	应纳税额减征额	23				
	应纳税额合计	24=19+21-23	200 650.00			

税款缴纳	期初未缴税额（多缴为负数）	25			
	实收出口开具专用缴款书退税额	26			
	已缴税额	27=28+29+30+31			
	①分次预缴税额	28			
	②出口开具专用缴款书预缴税额	29			
	③本期缴纳上期应纳税额	30			
	④本期缴纳欠缴税额	31			
	期末未缴税额（多缴为负数）	32=24+25+26-27			
	其中：欠缴税额（≥0）	33=25+26-27			
	本期应补(退)税额	34＝24-28-29	200 650.00		
	即征即退实际退税额	35			
	期初未缴查补税额	36			
	本期入库查补税额	37			
	期末未缴查补税额	38=16+22+36-37			

授权声明	如果你已委托代理人申报，请填写下列资料： 为代理一切税务事宜，现授权<u>孙立</u>为本纳税人的代理申报人，任何与本申报表有关的往来文件，都可寄予此人。 授权人签字：王平	申报人声明	本纳税申报表是根据国家税收法律法规及相关规定填报的，我确定它是真实的、可靠的、完整的。 声明人签字：孙立

主管税务机关：金华市国税局婺城税务分局　　　　接收人：刘刚　　　　接收日期：××××年12月15日

24－1

浙江省地方税（费）纳税综合申报表

填报日期：××××年12月16日

纳税人全称	金华市五湖机械有限公司（盖章）		纳税人识别号	913307101995141601	注册类型	有限责任公司		财务负责人	孙立
营业地址			开户银行	工行长安里支行	银行账号	8145105867508100882		电话号码	
税（费）种	所属期限	应税收入	计税依据	免税收入	税（费）率	应纳税（费）额		已纳税额	应补（退）税额
城建税	11月		200 650.00		7%	14 045.50			14 045.50
教育费附加	11月		200 650.00		3%	6 019.50			6 019.50
地方教育费附加	11月		200 650.00		2%	4 013.00			4 013.00
印花税	11月		略			2 000.00			2 000.00
企业社保费	11月		略		23%	40 701.26			40 701.26
个人社保费	11月		略		10.5%	50 017.00			50 017.00
个人所得税	11月		略			2 762.25			2 762.25
合计	—	—	—	—	—	119 558.51			119 558.51
纳税人声明	本单位（公司、个人）所申报的各种税费款真实、准确，如有虚假内容，愿承担法律责任。法人代表（业主）签名：王平　××××年12月16日	授权人声明	我（公司）现授权　孙立　为本纳税人的代理申报人，其法人代表　王平　，电话×××××××××××。任何与申报有关的往来的文件，都可寄于此人。委托代理合同号码：授权人（法人代表、业主）签名：王平　××××年12月16日			代理人声明	本纳税申报表是按照国家税法和税务机关规定填报，我确信其真实、合法。代理人（法人代表）签名：经办人签名：孙立（代理人盖章）××××年12月16日		备注
纳税机关填写	受理申报日期：××××年12月16日　　受理人签名：×××　　录入日期：××××年12月16日　　录入员签名：×××								
	企业（业主）财务负责人或税务代理人签名：孙立　　企业（业主）会计主管或税务代理主管签名：　　　　　填表人签名：孙立								

24－2

国内业务付款回单

客户号：123199886	日期：××××年12月16日
付款人账号：8145105867508100882	收款人账号：
付款人名称：金华市五湖机械有限公司	收款人名称：国家金库金华市中心金库
付款人开户行：工行长安里支行	收款人开户行：

金额：CNY119 558.51

人民币壹拾壹万玖仟伍佰伍拾捌元伍角壹分

业务种类：实时缴税	业务编号：98649294	凭证号码：2017011409224364
纳税人识别号：913307101995141601	缴款书交易流水号：19327354	税票号码：3201701140001372 01

征收机关名称：金华市地方税务局婺城税务分局

税（费）种名称：城建税、印花税、教育费附加、地方教育费附加、社会保险费、个人所得税

所属日期：××××/11/01-11/30

附言：

自助打印，请避免重复

交易机构：27669	交易渠道：其他	交易流水号：659839598—832
回单编号：××××1209965429905	回单验证码：687L6KUTR9RT	打印时间：09：30：56　打印次数：

中国工商银行股份有限公司
金华市长安里支行
业务专用章
3YBR2PYA
KEW9LKHD

24-3

国内业务付款回单

客户号：123199886	日期：×××年12月16日
付款人账号：8145105867508100882	收款人账号：
付款人名称：金华市五湖机械有限公司	收款人名称：国家金库金华市中心金库
付款人开户行：工行长安里支行	收款人开户行：

金额：CNY61.28
人民币陆拾壹元贰角捌分

业务种类：实时缴费		业务编号：98649324		凭证号码：2017011409224365	
纳税人识别号：913307101995141601		缴款书交易流水号：19327355		税票号码：32017011400013720	
征收机关名称：金华市地方税务局婺城税务分局					
税（费）种名称：滞纳金		所属日期：xxxx/11/01-11/30			
附言：自助打印，请避免重复					
交易机构：27669	交易渠道：其他		交易流水号：659839599-832		经办：
回单编号：×××4209965429906		回单验证码：687L6KUTR9RW		打印时间：09:57:33	打印次数：

25-1

产成品入库单

收货部门：仓库　　　　　　　　　　　　　　　　　×××年12月16日

类别	编号	产成品名称	规格型号	单位	数量	单位成本	金额	
产品		甲产品		台	100			第三联财务记账
产品		乙产品		台	60			
备注：					合计			

保管：黄改云　　　　　　　　　　　　　　　入库经办人：

26-1

固定资产处置申请单

固定资产编号：××××00089　　　××××年12月16日　　　固定资产卡账号：45

固定资产名称	规格型号	单位	数量	预计使用年限	原值	已提折旧	备注
海尔空调	KFRD-50LW	台	1	10	4 000.00	2 500.00	出售
使用部门	行政办公室						
固定资产状况及处置原因	闲置未用						
处理意见	使用部门		技术鉴定小组		固定资产管理部门		主管部门审批
	申请出售		同意		同意出售		同意出售 王政

27-1

浙江省增值税普通发票

033079028870　　　　　　　　　　　　　　　　　　　　　No 08878866

此联不作报销凭证使用　　　　　　　　开票日期：××××年12月16日

检验码 72394 82033 11307 96358

购货单位	名　　称	金华静安有限公司	密码区	<6>958317<*4+-5+1327+-7/*64 >2115994831/9258<99/<984396 0302126<0871<9943*/3750<+-7 /*64>2115994831771/*78779>06
	纳税人识别号	330156814168567		
	地址、电话	金华市将军路188号 84667096		
	开户行及账号	建行将军路支行 32056977690000256833		

货物或应税劳务、服务名称	规格型号	单位	数量	单价	金额	税率	税额
材料	C原材料	吨	1	3 539.82	3 539.82	13%	460.18
合计					¥3 539.82	13%	¥460.18
价税合计（大写）	肆仟元整				（小写）¥4 000.00		

销货单位	名　　称	金华市五湖机械有限公司	备注	
	纳税人识别号	913307101995141601		
	地址、电话	金华市长安里888号		
	开户行及账号	工行长安里支行 8145105867508100882		

收款人：　　　复核：　　　开票人：刘浩　　　销货单位：（章）

国税函（××××）×××号

第三联记账联：销货方记账凭证

27－2

出 库 单

发货部门：仓库　　　　　　　　　　　　　　　　　　　　　第　号
收货单位：金华静安有限公司　　　　　　　　　　　　××××年12月16日

类别	编号	名称型号	单位	应发数量	实发数量	单位成本	金额
材料		C原材料	吨	1	1		
备注：						合计	

第三联 财务记账

负责人：　　　　　经发：　　　　　保管：黄改云　　　　　填单：

27－3

国内业务收款回单

客户号：123199886	日期：××××年12月16日
收款人账号：8145105867508100882	付款人账号：32056977690000256833
收款人名称：金华市五湖机械有限公司	付款人名称：金华静安有限公司
收款人开户行：工行长安里支行	付款人开户行：建行将军路支行
金额：CNY4 000.00	
人民币肆仟元整	
业务种类：银行转账　　业务编号：65085873	凭证号码：
用途：货款	
备注：	
附言：	
自助打印，请避免重复	
交易机构：27669　　交易渠道：网上银行　　交易流水号：659839988—662	
回单编号：××××1209965430098　　回单验证码：687L6PURT8TR　　打印时间：15：35：10	

（印章：中国工商银行股份有限公司 金华市长安里支行 业务专用章 3YBR2PYA KEW9LKHD）

28-1

财 产 清 查 报 告 单

××××年12月16日　　　　　　　　　　　　　　　金额单位：元

编号	财产名称规格	单位	单价	账面数量	实物数量	盘盈		盘亏		盘亏原因	
						数量	金额	数量	金额		
	A原材料	吨						7.5	32 812.50	被盗	第二联财务联
	C原材料	吨						0.5	1 571.43	被盗	
	D原材料	吨						0.5	833.34	被盗	
备注：批准核销（保管员黄改云赔偿400元）						合计		合计	35 217.27	—	

主管：××　　　　　　复核：××　　　　　　制单：黄改云

29-1

金华证券中央登记结算公司
金华证券营业部

成交过户交割凭证

××××年12月16日卖出

股东编号：××××××××	证券名称：紫光股份
股东名称：金华市五湖机械有限公司	成交数量：5 000股
公司代号：×××××	成交价格：12.32元/股
资金账号：×××××	成交金额：61 600.00元
申请编码：×××××	交易佣金：184.80元
申请时间：××××	过户费：5.00元
成交时间：××××	印花税：61.60元
成交前资金余额：	附加费用：5.00元
成交后资金余额：	实收金额：61 343.60元
经办单位：金华证券	客户签章：金华市五湖机械有限公司

30－1

公司董事会决议

　　公司于××××年12月16日召开董事会议,公司高层管理人员列席了会议。经与会董事审议,批准了公司关于向中国工商银行金华市长安里支行申请流动资金借款的议案。决定向长安里支行申请借款人民币20万元,用于公司的生产经营,期限为9个月。

金华市五湖机械有限公司董事会
××××年十二月十六日

30－2

贷款凭证(收账通知)

××××年12月16日

贷款单位	金华市五湖机械有限公司		种类	短期	贷款记账号	工行长安里支行8145105867508100882								
金额 人民币(大写)	贰拾万元整					千	百	十	万	千	百	十	元	角	分
							¥	2	0	0	0	0	0	0	0
用途	流动资金周转借款		单位申请期限		自××××年×月×日起至××××年×月×日									
			银行核定期限		自××××年12月16日起至××××年6月15日									
上述贷款已核准发放,并已划入你单位账号 月利率:7‰				单位会计分录										
				收入										
				付出										
				复核			记账							
				主管会计										

31－1

入 库 单

收货部门：仓库　　　　　　　××××年12月16日　　　　　　　收字第　号

种类	编号	名称	规格	数量	单位	单价	成本总额							
							千	百	十	万	千	百	十	元	角	分
材料		A原材料	ZD0001	115	吨	4 347.83		5	0	0	0	0	0	0	0	0
材料		B原材料	YD0001	40	吨	3 750.00		1	5	0	0	0	0	0	0	0
备注：						合计	¥	6	5	0	0	0	0	0	0	0

负责人：孙立　　　　　　　记账：李涛　　　　　　　验收：张华　　　　　　填单：刘为

第三联 财务记账

32－1

033079028870　　　　浙江省增值税普通发票　　　　№08878867

此联不作报销凭证使用　　　　开票日期：××××年12月16日

检验码 72394 82033 11307 47358

购货单位	名　　称：	金华废旧物资经营有限公司	密码区	＜6＞958317＜*4+-5+1327+-7/*64
	纳税人识别号：	330156814163965		＞2115994831/9258＜99/＜984396
	地　址、电　话：	金华市解放路70号 84667679		0302126＜0871＜9943*/3750＜+-7
	开户行及账号：	建行解放路支行 45663205779000069328		/*64＞2115994831771/*78779＞36

货物或应税劳务、服务名称	规格型号	单位	数量	单价	金额	税率	税额
报废X-63型设备		千克	1000		884.96	13%	115.04
合计					¥ 884.96	13%	¥115.04
价税合计（大写）		壹仟元整			（小写）¥1 000.00		

销货单位	名　　称：	金华市五湖机械有限公司	备注
	纳税人识别号：	913307101995141601	
	地　址、电　话：	金华市长安888号	
	开户行及账号：	工行长安里支行 8145105867508100882	

收款人：　　　　　复核：　　　　　开票人：刘浩　　　　　销货单位：（章）

・97・

32 - 2

国内业务收款回单

客户号：123199886	日期：××××年 12 月 16 日
收款人账号：8145105867508100882	付款人账号：45663205779000069328
收款人名称：金华市五湖机械有限公司	付款人名称：金华废旧物资经营有限公司
收款人开户行：工行长安里支行	付款人开户行：建行解放路支行
金额：CNY1 000.00	
人民币壹仟元整	

业务种类：银行转账　　业务编号：65085873　　凭证号码：

用途：货款

备注：

附言：

自助打印，请避免重复

交易机构：27669　　交易渠道：网上银行　　交易流水号：659840033—66…

回单编号：××××1209965430154　　回单验证码：687L6PUTR9RT　　打印时间：15：50：10　　打印次数：

（中国工商银行股份有限公司 金华市长安里支行 业务专用章 3YBR2PYA KEW9LKHD）

33 - 1

中国工商银行
现金支票存根

支票号码：XⅡ 576803

科　　目：

对方科目：

签发日期：××××年 12 月 17 日

收款人：孙立	
金　额：¥8 000.00	
用　途：备用	
备　注：	

单位主管：　　　　　　　　　　会计：

34－1

中国工商银行转账支票（浙）金华 No.0006558

出票日期（大写）××××年壹拾贰月壹拾柒日　　付款行名称：工行南海支行

收款人：金华市五湖机械有限公司　　出票人账号：3207737254000059228

人民币（大写）	壹拾伍万元整	亿	千	百	十	万	千	百	十	元	角	分
					¥	1	5	0	0	0	0	0

本支票付款期限十天

用途　货款

上列款项请从

我账户内支付

出票人签章

科　目（借）：

对方科目（贷）：

转账日期：　　　年　月　日

复核：　　　　　　记账：

34－2

背书凭证

背书人	被背书人　金华飞龙集团

背书人签章 ××××年12月17日	被背书人签章 　　　年　月　日

35-1

中国工商银行银行汇票申请书(存根)1

申请日期××××年12月17日　　　第　号

申请人	金华市五湖机械有限公司		收款人	金华飞龙集团								
账号或住址	8145105867508100882		账号或住址	3200748856200504108								
用途	支付前欠剩余货款		代理付款行	工行长安里支行								
汇票金额	人民币(大写)	壹拾陆万柒仟元整		千	百	十	万	千	百	十	元	角	分
			¥			1	6	7	0	0	0	0	0

上列款项请从我账户内支付

申请人盖章：金华市五湖机械有限公司财务专用章　　王平印章

科　目(借)：
对方科目(贷)：
转账日期：　年　月　日
复核：　　　　　　记账：

此联申请人保留

35-2

国内业务付款回单

客户号：123199886　　　　　　　　　　日期：××××年12月17日
付款人账号：8145105867508100882　　　收款人账号：
付款人名称：金华市五湖机械有限公司　　收款人名称：
付款人开户行：工行长安里支行　　　　　收款人开户行：
金额：CNY5.85
人民币伍元捌角伍分

业务种类：收费	业务编号：65248757	凭证号码：

用途：转账汇款手续费
附言：
自助打印，请避免重复
交易机构：27669　　交易渠道：网上银行　　交易流水号：659840198—831
回单编号：××××1209965447813　　回单验证码：687P7PUTR9RT　　打印地点：金华市长安里支行　打印次数：1

中国工商银行股份有限公司
业务专用章
3YBR2PYA
KEW9LKHD

36－1

借 款 单

××××年12月17日

借款部门	销售部	出差人姓名	李明	职别	职员
借款事由	商务出差西安				
借款金额	人民币(大写)	贰仟元整	￥2 000.00		
批准人	王政	部门负责人	刘一明	财务负责人	孙立

借款人：李明

36－2

国内业务付款回单

客户号：123199886	日期：××××年12月17日
付款人账号：8145105867508100882	收款人账号：6222081242045276341
付款人名称：金华市五湖机械有限公司	收款人名称：李明
付款人开户行：工行长安里支行	收款人开户行：工行文化路支行

金额：CNY2 000.00

人民币贰仟元整

业务种类：转账支出	业务编号：65248872	凭证号码：

用途：差旅费

备注：

附言：

自助打印，请避免重复

交易机构：27669	交易渠道：网上银行	交易流水号：659840204－881
回单编号：××××1209965447856	回单验证码：687L6WUTR9RT	打印时间：16：08：46 打印次数：1

（中国工商银行股份有限公司
金华市长安里支行
业务专用章
3YBR2PYA
KEW9LKHD）

37－1

出 库 单

发货部门：仓库　　　　　　　　　　　　　　　　　　　　　第　　号

收货部门：基本生产车间　　　　　　　　　　　　　　××××年12月17日

类别	编号	名称型号	单位	应发数量	实发数量	单位成本	金额
材料		A原材料	吨	70	70		
材料		B原材料	吨	65	65		
材料		C原材料	吨	65	65		
材料		D原材料	吨	30	30		
备注：						合计	

负责人：　　　　　　经发：　　　　　　保管：黄改云　　　　　　填单：

第三联 财务记账

38－1

浙江省医疗门诊收费票据

票据代码：31101　　　　　　　　　　　　　　N̲o̲ 1099075804

病 历 号：00201653　　　　　　　　　　　医疗机构类型：

姓名：马莉		性别：女		医保类型：	
社会保障号码：					
项目/规格	类	单价	数量	金额	自理自费（%）
三七片	甲	48.00	20盒	960.00	
⋮	⋮	⋮	⋮	⋮	
伤湿止痛膏	乙	22.00	20包	440.00	
***					
合计（大写）：叁仟伍佰元整　　￥3 500.00					
现金支付		￥3 500.00			
个人账户	本年支付		本年余额		
	历年支付		历年余额		
医保账户					

第二联　收据联　盖章有效　遗失不补

收款单位（章）：　　　　收款人（签章）：李建　　　　××××年12月17日

38－2

金华市五湖机械有限公司医药费报销单

××××年12月17日　　　　　　　　　　工号：

职工姓名	马莉	家属姓名		与职工关系	
病由		略		附件　1　张	

医药费金额：￥3 500.00　　报销率 100%

实际报销金额（大写）叁仟伍佰元整　　　现金付讫

领导批示：同意　王平　12.17　　保健站意见：同意　马健　12.17　　报销人：马莉

39-1

浙江省增值税普通发票

033079045211　　　　　　　　　　　　　　　　　　　　　No 08376662

检验码 84394 82033 11307 96345　　　　　　开票日期：××××年12月17日

购货单位	名　　称：金华市五湖机械有限公司	密码区	<6>958317<*4+-5+1327+-7/*64 >2115994831/9258<99/<984396 0302126<0871<9943*/3750<+-7 /*64>2115994831771/*65398>49
	纳税人识别号：913307101995141601		
	地址、电话：金华市长安里888号		
	开户行及账号：工行长安里支行 8145105867508100882		

货物或应税劳务、服务名称	规格型号	单位	数量	单价	金额	税率	税额
食宿费用					2 358.49	6%	141.51
合计					¥2 358.49	6%	¥141.51

价税合计（大写）　　贰仟伍佰元整　　　　　　　　　　（小写）¥2 500.00

销货单位	名　　称：金华兴业酒店	备注
	纳税人识别号：330147454144677	
	地址、电话：金华市广场路20号	
	开户行及账号：工行广场路支行 8145105867555582266	

收款人：　　　复核：　　　开票人：胡胜利　　　销货单位：（章）

39-2

国内业务付款回单

客户号：123199886	日期：××××年12月17日
付款人账号：8145105867508100882	收款人账号：8145105867555582266
付款人名称：金华市五湖机械有限公司	收款人名称：金华兴业酒店
付款人开户行：工行长安里支行	收款人开户行：工行广场路支行

金额：CNY2 500.00

人民币贰仟伍佰元整

业务种类：转账支出　　　业务编号：65248872　　　凭证号码：

用途：食宿费用

备注：

附言：

自助打印，请避免重复

交易机构：27669　　交易渠道：网上银行　　交易流水号：659840206—881

回单编号：××××1209965447860　　回单验证码：687L8WUTR9RT　　打印时间：16:10:33　　打印次数：

3YBR2PYA
KEW9LKHD

40－1

金华市五湖机械有限公司工资结算汇总表

××××年11月30日

编号	部门	基本工资	津贴	奖金	缺勤应扣		应付工资	代扣款项		实发工资
					事假	迟到早退		代扣个税	代扣社保费	
1	行政办公室	33 500	3 000	2 000	0	0	38 500	850.00	3 685.00	33 965.00
2	人力资源部	9 500	1 400	700	0	0	11 600	10.25	1 045.00	10 544.75
3	财务部	11 000	1 900	800	0	0	13 700	40.00	1 210.00	12 450.00
4	销售部	20 000	1 900	1 800	0	20	23 680	190.00	2 200.00	21 290.00
5	研发中心	6 000	390	3 400	0	0	9 790	22.00	660.00	9 108.00
6	车间生产人员	365 700	2 800	25 000	500	0	393 000	1 170.00	40 227.00	351 603.00
7	车间管理人员	9 000	700	2 200	0	0	11 900	480.00	990.00	10 430.00
	合计	454 700	12 090	35 900	500	20	502 170	2 762.25	50 017.00	449 390.75

审核：孙立　　　　　　　　部门负责人：孙立　　　　　　　　制表：张晶

40－2

中国工商银行
转账支票存根

支票号码：XⅡ 415133

科　　目：

对方科目：

签发日期：××××年12月18日

收款人：金华市五湖机械有限公司
金　额：¥449 390.75
用　途：支付11月份工资
备　注：

单位主管：　　　　　　　　　　　　会计：

41-1

浙江省增值税专用发票

033079023689　　　　　　　　　　　　　　　　　　　No 08871260

此联不作报销，抵扣凭证使用　　　开票日期：××××年12月18日

检验码 72394 82033 11307 76358

购货单位	名　　称：江苏泰和有限责任公司 纳税人识别号：320105786241679 地　址、电　话：镇江市江滨路2号 开户行及账号：建行江滨路支行 32058371290000564489	密码区	<6>958317<*4+-5+1327+-7/*64 >2115994831/9258<99/<984396 0302126<0871<9943*/3750<+-7 /*64>2115994831771/*78779>74

货物或应税劳务、服务名称	规格型号	单位	数量	单价	金额	税率	税额
甲产品		台	80	7 500.00	600 000.00	13%	78 000.00
合计					¥600 000.00	13%	¥78 000.00

价税合计（大写）	陆拾柒万捌仟元整	（小写）¥678 000.00

销货单位	名　　称：金华市五湖机械有限公司 纳税人识别号：913307101995141601 地　址、电　话：金华市长安街888号 开户行及账号：工行长安里支行 8145105867508100882	备注	

收款人：　　　　复核：　　　　开票人：刘浩　　　　销货单位：（章）

第三联记账联：销货方记账凭证

41-2

出　库　单

发货部门：仓库　　　　　　　　　　　　　　　　　　　　　　第　　号
收货单位：江苏泰和有限责任公司　　　　　　　　　　　　××××年12月18日

类别	编号	名称型号	单位	应发数量	实发数量	单位成本	金额
产品		甲产品	台	80	80		
备注：						合计	

负责人：　　　　经发：　　　　保管：黄改云　　　　填单：

第三联财务记账

41-3

付款期限 贰个月		中国建设银行 银行汇票　2		汇票号码 第　号	
出票日期（大写）：××××年壹拾贰月壹拾陆日			代理付款行：建行青年路支行　行号：105338000888		
收款人：金华市五湖机械有限公司					
出票金额	人民币（大写）	陆拾柒万捌仟元整			
实际结算金额	人民币（大写）	陆拾柒万捌仟元整	千 百 十 万 千 百 十 元 角 分 ¥　　　6 7 8 0 0 0 0 0		
申请人：江苏泰和有限责任公司			账号或住址：32058371290000564489		
出票行：建行江滨路支行			行号：		
备注： 凭票付款					
出票行签章		密押 多余金额 千 百 十 万 千 百 十 元 角 分	科　目（借）： 对方科目（贷）： 兑付日期：　年　月　日 复核：　　　　记账：	谢华	

（盖章：中国建设银行股份有限公司 镇江市江滨路支行 3YBR2PYA KEW6JSYH）

41-4

付款期限 贰个月		中国建设银行 银行汇票解讫通知　3		汇票号码 第　号	
出票日期（大写）：××××年壹拾贰月壹拾陆日			代理付款行：建行青年路支行　行号：105338000888		
收款人：金华市五湖机械有限公司					
出票金额	人民币（大写）	陆拾柒万捌仟元整			
实际结算金额	人民币（大写）	陆拾柒万捌仟元整	千 百 十 万 千 百 十 元 角 分 ¥　　　6 7 8 0 0 0 0 0		
申请人：江苏泰和有限责任公司			账号或住址：32058371290000564489		
出票行：建行江滨路支行			行号：		
备注：				张华	
代理付款行签章		密押 多余金额 千 百 十 万 千 百 十 元 角 分	科　目（借）： 对方科目（贷）： 兑付日期：　年　月　日 复核：　　　　记账：		

（盖章：中国建设银行股份有限公司 镇江市青年路支行 业务专用章 3YBR2PYA 经办 ZHY6LKHD）

此联代理付款行兑付后随报单寄出票行

由出票行作为多余款贷方凭证

41－5

国内业务收款回单

客户号：123199886	日期：××××年12月18日
收款人账号：8145105867508100882	付款人账号：32058371290000564489
收款人名称：金华市五湖机械有限公司	付款人名称：江苏泰和有限责任公司
收款人开户行：工行长安里支行	付款人开户行：建行江滨路支行
金额：CNY678 000.00	
人民币陆拾柒万捌仟元整	
业务种类：兑现银行汇票	业务编号：65185873	凭证号码：
用途：货款		
备注：		
附言：		
自助打印，请避免重复		
交易机构：27669　交易渠道：网上银行　交易流水号：659840316—662		经办：
回单编号：××××1209965448011　回单验证码：687L6PUJK9RT　打印时间：00：33：10		打印次数：

（印章：中国工商银行股份有限公司　金华市长安里支行　业务专用章　3YBR2PYA　KEW9LKHD）

42－1

金华证券中央登记结算公司
金华证券营业部

成交过户交割凭证

××××年12月18日买入

股东编号：××××××××	证券名称：大华股份
股东名称：金华市五湖机械有限公司	成交数量：10 000 股
公司代号：×××××	成交价格：10.00元/股
资金账号：×××××	成交金额：100 000.00 元
申请编码：×××××	交易佣金：300.00 元
申请时间：××××	过户费：10.00 元
成交时间：××××	印花税：0.00 元
成交前资金余额：	附加费用：5.00 元
成交后资金余额：	实付金额：100 315.00 元
经办单位：金华证券	客户签章：金华市五湖机械有限公司

注：开立股票资金户有关业务及手续略，分类为交易性金融资产。

（印章：金华证券营业部　业务专用章）

43-1

032255045269　　　　**江苏省增值税专用发票**　　　　No 08876662

开票日期：××××年12月18日

检验码 92394 82033 11307 96346

购货单位	名　称：金华市五湖机械有限公司
	纳税人识别号：913307101995141601
	地址、电话：金华市长安里888号
	开户行及账号：工行长安里支行8145105867508100882

密码区：
<8>958317<*4+-5+1327+-7/*64
>2115994831/9258<99/<984396
0302126<0871<9943*/3750<+-7
/*64>2115994831771/*65398>93

第二联 发票联：购货方记账凭证

货物或应税劳务、服务名称	规格型号	单位	数量	单价	金额	税率	税额
材料	D原材料	吨	30	2 520.00	75 600.00	13%	9 828.00
合计					¥75 600.00	13%	¥9 828.00

价税合计（大写）　捌万伍仟肆佰贰拾捌元整　　（小写）¥85 428.00

销货单位	名　称：江苏电子机械厂
	纳税人识别号：520563426753837
	地址、电话：苏州市同里路23号
	开户行及账号：工行同里路支行6204527888863415978

收款人：　　　复核：　　　开票人：胡丽　　　销货单位：（章）

43-2

032255045269　　　　**江苏省增值税专用发票**　　　　No 08876662

开票日期：××××年12月18日

检验码 92394 82033 11307 96346

购货单位	名　称：金华市五湖机械有限公司
	纳税人识别号：913307101995141601
	地址、电话：金华市长安里888号
	开户行及账号：工行长安里支行8145105867508100882

密码区：
<8>958317<*4+-5+1327+-7/*64
>2115994831/9258<99/<984396
0302126<0871<9943*/3750<+-7
/*64>2115994831771/*65398>93

第一联 抵扣联：购货方抵扣凭证

货物或应税劳务、服务名称	规格型号	单位	数量	单价	金额	税率	税额
材料	D原材料	吨	30	2 520.00	75 600.00	13%	9 828.00
合计					¥75 600.00	13%	¥9 828.00

价税合计（大写）　捌万伍仟肆佰贰拾捌元整　　（小写）¥85 428.00

销货单位	名　称：江苏电子机械厂
	纳税人识别号：520563426753837
	地址、电话：苏州市同里路23号
	开户行及账号：工行同里路支行6204527888863415978

收款人：　　　复核：　　　开票人：胡丽　　　销货单位：（章）

43-3

入 库 单

收货部门:仓库　　　　　　　　　××××年12月18日　　　　　　　　　收字第　　号

种类	编号	名称	规格	数量	单位	单价	成本总额								
							千	百	十	万	千	百	十	元	角	分
材料		D原材料		30	吨	2 520.00			7	5	6	0	0	0	0	0
备注:						合计		¥	7	5	6	0	0	0	0	0

负责人:孙立　　　　　记账:李涛　　　　　验收:张华　　　　　填单:刘为

第三联 财务记账

44-1

中国工商银行
现金支票存根

支票号码:XⅡ 576804

科　　目:

对方科目:

签发日期:××××年12月18日

收款人:	金华市五湖机械有限公司
金　额:	¥5 000.00
用　途:	备用
备　注:	

单位主管:　　　　　　　会计:

45-1

浙江省增值税专用发票

033079245911　　　　　　　　　　　　　　　　　　　　No 08875571

发票联

检验码 72394 82033 43307 96346　　　　　　　开票日期：××××年12月18日

购货单位	名　称：金华市五湖机械有限公司 纳税人识别号：913307101995141601 地址、电话：金华市长安里888号 开户行及账号：工行长安里支行 8145105867508100882	密码区	<6>958317<*4+-5+1327+-7/*64 >2115994831/9258<99/<984396 0302126<0871<9943*/3750<+-7 /*74>2115994831771/*65398>95

货物或应税劳务、服务名称	规格型号	单位	数量	单价	金额	税率	税额
财产保险费					1 018.87	6%	61.13
合计					¥1 018.87	6%	¥61.13

价税合计（大写）	壹仟零捌拾元整	（小写）¥1 080.00

销货单位	名　称：中国太平洋保险公司金华分公司 纳税人识别号：3301474556796 55467 地址、电话：金华市和平路9号 开户行及账号：工行和平路支行 8145105867555673399	备注	（中国太平洋保险公司金华分公司 发票专用章）

收款人：　　　复核：　　　开票人：胡海利　　　销货单位：（章）

第二联 发票联：购货方记账凭证

国税函（××××）××××号

45-2

浙江省增值税专用发票

033079245911　　　　　　　　　　　　　　　　　　　　No 08875571

抵扣联

检验码 72394 82033 43307 96346　　　　　　　开票日期：××××年12月18日

购货单位	名　称：金华市五湖机械有限公司 纳税人识别号：913307101995141601 地址、电话：金华市长安里888号 开户行及账号：工行长安里支行 8145105867508100882	密码区	<6>958317<*4+-5+1327+-7/*64 >2115994831/9258<99/<984396 0302126<0871<9943*/3750<+-7 /*74>2115994831771/*65398>95

货物或应税劳务、服务名称	规格型号	单位	数量	单价	金额	税率	税额
财产保险费					1 018.87	6%	61.13
合计					¥1 018.87	6%	¥61.13

价税合计（大写）	壹仟零捌拾元整	（小写）¥1 080.00

销货单位	名　称：中国太平洋保险公司金华分公司 纳税人识别号：3301474556796 55467 地址、电话：金华市和平路9号 开户行及账号：工行和平路支行 8145105867555673399	备注	（中国太平洋保险公司金华分公司 发票专用章）

收款人：　　　复核：　　　开票人：胡海利　　　销货单位：（章）

第一联 抵扣联：购货方抵扣凭证

国税函（××××）××××号

45-3

国内业务付款回单

客户号：123199886	日期：××××年12月18日
付款人账号：8145105867508100882	收款人账号：8145105867555673399
付款人名称：金华市五湖机械有限公司	收款人名称：中国太平洋保险公司金华分公司
付款人开户行：工行长安里支行	收款人开户行：工行和平路支行

金额：CNY1 080.00

人民币壹仟零捌拾元整

业务种类：转账支出	业务编号：65248872	凭证号码：

用途：财产保险费

备注：

附言：

自助打印，请避免重复

交易机构：27669	交易渠道：网上银行	交易流水号：659840723—662	经办：
回单编号：××××1204765448158	回单验证码：687L7KUTR9RT	打印时间：11：50：10 打印次数：	

(中国工商银行股份有限公司 金华市长安里支行 业务专用章 3YBR2PYA KEW9LKHD)

46-1

浙江省增值税普通发票

033079256231　　　　　　　　　　　　　　　　　　　　№08876557

检验码 72394 82044 11307 96345　　　　　　　开票日期：××××年12月19日

购货单位	名　　　称：金华市五湖机械有限公司	密码区	<6>958317<*4+-5+1327+-7/*64
	纳税人识别号：913307101995141601		>2115994831/9258<99/<984396
	地　址、电话：金华市长安里888号		0302126<0871<9943*/3750<+-7
	开户行及账号：工行长安里支行 8145105867508100882		/*64>2115994831771/*65398>84

货物或应税劳务、服务名称	规格型号	单位	数量	单价	金额	税率	税额
培训费					754.72	6%	45.28
合计					¥754.72	6%	¥45.28

价税合计（大写）	捌佰元整	（小写）¥800.00

销货单位	名　　　称：金华市职业培训中心	备注	
	纳税人识别号：913301474556796884		
	地　址、电话：金华市吴东路9号		
	开户行及账号：工行吴东路支行 8145105867552582156		

收款人：　　　复核：　　　开票人：赵海　　　销货单位：（章）

国税函（××××）××××号　　第二联发票联：购货方记账凭证

46－2

支 出 证 明 单

××××年12月19日 　　　　　　　　　附件共1张

支出科目	摘要	万	千	百	十	元	角	分	备注
培训费	支付培训费			8	0	0	0	0	
	现金付讫								
合计（大写）：捌佰元整	¥800.00								

核准：王政　　　　复核：孙立　　　　证明人：张利　　　　经手：刘飞明

47－1

金华市五湖机械有限公司
关于同意转销无法支付前欠货款的批复

财务部：

你部《关于转销无法支付前欠上海天意商贸公司货款的请示》已经获悉。经核定，由于该公司破产倒闭事件属实，根据有关财务制度的规定，同意将该笔应付账款6 000元（人民币陆仟元整）转作营业外收入。请按照相关财务制度进行财务处理。

特此批复。

金华市五湖机械有限公司
（盖章）
××××年12月19日

48-1

033079535331　　　　**浙江省增值税普通发票**　　　　No 08876951

检验码 72394 82033 11857 96345　　　　开票日期：××××年12月19日

购货单位	名　　称：	金华市五湖机械有限公司				密码区	<6>958317<*4+-5+1327+-7/*64 >2115994831/9258<99/<984396 0302126<0871<9943*/3750<+-7 /*64>2115994831771/*88398>95
	纳税人识别号：	913307101995141601					
	地址、电话：	金华市长安里888号					
	开户行及账号：	工行长安里支行 8145105867508100882					

货物或应税劳务、服务名称	规格型号	单位	数量	单价	金额	税率	税额
餐费					4 113.21	6%	246.79
合计					¥4 113.21	6%	¥246.79
价税合计（大写）	肆仟叁佰陆拾元整				（小写）¥4 360.00		

销货单位	名　　称：	金华饭店	备注
	纳税人识别号：	913301474556755714	
	地址、电话：	金华市婺西路12号	
	开户行及账号：	工行婺西路支行 8145105867558982139	

收款人：　　　复核：　　　开票人：吴海　　　销货单位：（章）

48-2

国内业务付款回单

客户号：123199886　　　　　　　　　　日期：××××年12月19日
付款人账号：8145105867508100882　　　收款人账号：8145105867558982139
付款人名称：金华市五湖机械有限公司　　收款人名称：金华饭店
付款人开户行：工行长安里支行　　　　　收款人开户行：工行婺西路支行
金额：CNY4 360.00
人民币肆仟叁佰陆拾元整

业务种类：转账支出　　　业务编号：65248872　　　凭证号码：
用途：餐饮费
备注：
附言：
　　自助打印，请避免重复
交易机构：27669　　　交易渠道：网上银行　　　交易流水号：659841328—662
回单编号：××××1204765448725　　　回单验证码：687L6PUTR9RT　　　打印时间：10:29:18　　打印次数：

49－1

出 库 单

发货部门：仓库　　　　　　　　　　　　　　　　　　　　　　　第　号
收货部门：基本生产车间　　　　　　　　　　　　　　　××××年12月19日

类别	编号	名称型号	单位	应发数量	实发数量	单位成本	金额
材料		D原材料	吨	20	20		
备注：						合计	

负责人：　　　经发：　　　保管：黄改云　　　填单：

第三联 财务记账

49－2

出 库 单

发货部门：仓库　　　　　　　　　　　　　　　　　　　　　　　第　号
收货部门：管理部门　　　　　　　　　　　　　　　　××××年12月19日

类别	编号	名称型号	单位	应发数量	实发数量	单位成本	金额
材料		D原材料	吨	1	1		
备注：						合计	

负责人：　　　经发：　　　保管：黄改云　　　填单：

第三联 财务记账

49－3

出 库 单

发货部门：仓库　　　　　　　　　　　　　　　　　　　　　　　第　号
收货部门：销售部　　　　　　　　　　　　　　　　　××××年12月19日

类别	编号	名称型号	单位	应发数量	实发数量	单位成本	金额
材料		D原材料	吨	1	1		
备注：						合计	

负责人：　　　经发：　　　保管：黄改云　　　填单：

注：各部门领用材料用于房屋维修。

第三联 财务记账

50－1

浙江省增值税专用发票

033079023689　　No 08871261

此联不作报销，抵扣凭证使用　　开票日期：××××年12月19日

检验码 72394 82033 11703 97358

购货单位	名　称：金华大中华物资经营有限公司 纳税人识别号：911201057836241677 地　址、电　话：金华市南海路5号 开户行及账号：工行南海支行 32078375555512003478	密码区	＜6＞958317＜*4+-5+1327+-7/*64 ＞2115994831/9258＜99/＜984396 0302126＜0871＜9943*/3750＜+-7 /*64＞2115994831771/*78779＞91

货物或应税劳务、服务名称	规格型号	单位	数量	单价	金额	税率	税额
乙产品		台	44	11 000.00	484 000.00	13%	62 920.00
折扣 5%					24 200.00	13%	3 146.00
合计					￥459 800.00	13%	￥59 774.00

价税合计（大写）	伍拾壹万玖仟伍佰柒拾肆元整	（小写）￥519 574.00

销货单位	名　称：金华市五湖机械有限公司 纳税人识别号：913307101995141601 地　址、电　话：金华市长安里888号 开户行及账号：工行长安里支行 8145105867508100882	备注

收款人：　　复核：　　开票人：刘浩　　销货单位：（章）

第三联记账联：销货方记账凭证

国税函（××××）×××号

50－2

出　库　单

发货部门：仓库　　　　　　　　　　　　　　　　第　号
收货单位：金华大中华物资经营有限公司　　　　××××年12月19日

类别	编号	名称型号	单位	应发数量	实发数量	单位成本	金额
产品		乙产品	台	44	44		
备注：					合计		

负责人：　　经发：　　保管：黄改云　　填单：

第三联财务记账

50-3

中国工商银行转账支票（浙）金华 No.0606570

出票日期（大写）××××年壹拾贰月壹拾玖日　　付款行名称：工行南海支行
收款人：金华市五湖机械有限公司　　出票人账号：3207837555512003478

人民币（大写）	伍拾壹万玖仟伍佰柒拾肆元整	亿	千	百	十	万	千	百	十	元	角	分
					¥	5	1	9	5	7	4	0	0

本支票付款期限十天

用途 货款
上列款项请从
我账户内支付
出票人签章　张小行印

科　目（借）：
对方科目（贷）：
转账日期：　　年　　月　　日
复核：　　　　　　记账：

50-4

国内业务收款回单

客户号：123199886　　　　　　　　　日期：××××年12月19日
收款人账号：8145105867508100882　付款人账号：3207837555512003478
收款人名称：金华市五湖机械有限公司　付款人名称：金华大中华物资经营有限公司
收款人开户行：工行长安里支行　　　付款人开户行：工行南海支行
金额：CNY519 574.00
人民币伍拾壹万玖仟伍佰柒拾肆元整
业务种类：银行转账　　业务编号：65085873　　凭证号码：
用途：货款
备注：
附言：
自助打印，请避免重复
交易机构：27669　　交易渠道：网上银行　　交易流水号：659841849—981
回单编号：××××1204765449034　回单验证码：687W8PUTR9RT　打印时间：15：01：10　打印次数：

51-1

033079023689

浙江省增值税专用发票

No08871262

此联不作报销、抵扣凭证使用　　开票日期：××××年12月19日

检验码 72394 82033 24307 96358

购货单位	名　称：金华海德机械制造有限公司 纳税人识别号：911201057852151677 地址、电话：金华市环城南路5号 85688452 开户行及账号：交行环城南路支行 6222883205688823466	密码区	<6>958317<*4+-5+1327+-7/*64 >2115994831/9258<99/<984396 0302126<0871<9943*/3750<+-7 /*64>2115994831733/*78779>95

货物或应税劳务、服务名称	规格型号	单位	数量	单价	金额	税率	税额
技术服务					50 000.00	6%	3 000.00
合计					¥ 50 000.00	6%	¥3 000.00

价税合计（大写）	伍万叁仟元整	（小写）¥53 000.00

销货单位	名　称：金华市五湖机械有限公司 纳税人识别号：913307101995141601 地址、电话：金华市长安里888号 开户行及账号：工行长安里支行 8145105867508100882	备注	

收款人：　　复核：　　开票人：刘浩　　销货单位：（章）

51-2

国内业务收款回单

客户号：123199886　　　　　　　　　日期：××××年12月19日
收款人账号：8145105867508100882　　付款人账号：6222883205688823466
收款人名称：金华市五湖机械有限公司　付款人名称：金华海德机械制造有限公司
收款人开户行：工行长安里支行　　　　付款人开户行：交行环城南路支行
金额：CNY53 000.00
人民币伍万叁仟元整
业务种类：银行转账　　业务编号：65085873　　凭证号码：
用途：技术服务收入
备注：
附言：
自助打印，请避免重复
交易机构：27669　　交易渠道：网上银行　　交易流水号：659841850—881
回单编号：××××1204765449035　　回单验证码：687L6PUTR9WP　　打印时间：15：02：01 打印次数：

52-1

国内业务收款回单

客户号：123199886　　　　　　　　　　日期：××××年12月19日

收款人账号：8145105867508100882　　付款人账号：6832542077000058856

收款人名称：金华市五湖机械有限公司　　付款人名称：南宁大发公司

收款人开户行：工行长安里支行　　　　　付款人开户行：工行南门支行

金额：CNY160 000.00

人民币壹拾陆万元整

业务种类：商业汇票　　业务编号：65485873　　凭证号码：

用途：汇票到期兑现

备注：

附言：

自助打印，请避免重复

交易机构：27669　　交易渠道：网上银行　　交易流水号：659841851—881

回单编号：××××1204765449036　　回单验证码：687L8PUTR9RT　　打印时间：15：02：58 打印次数：

（中国工商银行股份有限公司 金华市长安里支行 业务专用章 3YBR2PYA KEW9LKHD）

53-1

浙江省增值税专用发票

033079742391　　　　　　　　　　　　　　　　　　　No 08879997

（发票联）

检验码 72394 82033 44307 99345　　　　　　开票日期：××××年12月19日

购货单位	名　称：金华市五湖机械有限公司 纳税人识别号：913307101995141601 地址、电话：金华市长安里888号 开户行及账号：工行长安里支行8145105867508100882	密码区	<6>958317<*4+-5+1327+-7/*64>2115994831/9258<99/<984396 0302126<0871<9943*/3750<+-7/*64>2115994831772/*65798>46

货物或应税劳务、服务名称	规格型号	单位	数量	单价	金额	税率	税额
空调		台	10	2 000	20 000.00	13%	2 600.00
合计					¥20 000.00	13%	¥2 600.00

价税合计（大写）	贰万贰仟陆佰元整	（小写）¥22 600.00

销货单位	名　称：金华三菱重工空调营业部 纳税人识别号：913301563426735637 地址、电话：金华市师大街76号 开户行及账号：工行浙师大支行4204527000088925628	备注	

收款人：　　　复核：　　　开票人：李美　　　销货单位：（章）

（金华三菱重工空调营业部 发票专用章）

53-2

033079742391　　**浙江省增值税专用发票**　　No 08879997

检验码 72394 82033 44307 99345　　开票日期：××××年12月19日

购货单位	名　　称：金华市五湖机械有限公司
	纳税人识别号：913307101995141601
	地　址、电话：金华市长安888号
	开户行及账号：工行长安里支行8145105867508100882

密码区：
<6>958317<*4+-5+1327+-7/*64
>2115994831/9258<99/<984396
0302126<0871<9943*/3750<+-7
/*64>2115994831772/*65798>46

货物或应税劳务、服务名称	规格型号	单位	数量	单价	金额	税率	税额
空调		台	10	2 000	20 000.00	13%	2 600.00
合计					¥20 000.00	13%	¥2 600.00

价税合计（大写）：贰万贰仟陆佰元整　　（小写）¥22 600.00

销货单位	名　　称：金华三菱重工空调营业部
	纳税人识别号：913301563426735637
	地　址、电话：金华市师大街76号
	开户行及账号：工行浙师大支行4204527000088925628

收款人：　　复核：　　开票人：李美　　销货单位：（章）

53-3

国内支付业务付款回单

客户号：123199886	日期：××××年12月19日
付款人账号：8145105867508100882	收款人账号：4204527000088925628
付款人名称：金华市五湖机械有限公司	收款人名称：金华三菱重工空调营业部
付款人开户行：工行长安里支行	收款人开户行：工行浙师大支行

金额：CNY22 600.00

人民币贰万贰仟陆佰元整

业务种类：转账支出　　业务编号：65248872　　凭证号码：

用途：购买职工宿舍楼空调

备注：

附言：

自助打印，请避免重复

交易机构：27669　　交易渠道：网上银行　　交易流水号：659841859—881　　经办：

回单编号：××××1204765449044　　回单验证码：687L6PUTR9ZW　　打印时间：15:21:49　　打印次数：

中国工商银行股份有限公司
金华市长安里支行
业务专用章
3YBR2PYA
KEW9LKHD

53-4

固定资产验收单

No. 00265

固定资产名称	三菱空调	验收日期	××××.12.19	使用或保管部门	职工宿舍楼
规格型号	1.5匹挂机	始建日期		建造单位或部门	外购
固定资产编号	××××05021	竣工日期		原值	22 600.00
主要技术参数： 略			验收意见： 功能符合要求，验收通过。		

设备科验收人：×××　　　交验收部门主管：×××　　　经办人：李涛

54-1

浙江省统一收款收据

收据联

No. 03029996

××××年12月19日

交款单位：金华市五湖机械有限公司

收款内容	单位金额	总计金额							备注
		十万	千	百	十	元	角	分	
排污费	1 000.00		1	0	0	0	0	0	
	金华市城市排水管理所财务专用章								
合计人民币（大写）	壹仟元整	¥	1	0	0	0	0	0	

第二联 收据联　付款单位做记账用

开票单位：金华市城市排水管理所　　开户银行：　　账号：　　收款人：李平

54-2

委托收款凭证（付款通知）5

第 号

委托日期 ××××年12月19日　　委托号码 420188
付款日期 ××××年12月19日

付款人	全称	金华市五湖机械有限公司	收款人	全称	金华市城市排水管理所	
	账号或住址	8145105867508100882		账号	3215200035688200199	
	开户银行	工行长安里支行		开户银行	工行建设路支行	行号

委托收款	人民币（大写）	壹仟元整	千百十万千百十元角分 ¥ 1 0 0 0 0 0

款项内容	12月排污费	委托收款票据名称		附寄单证张数	2

备注：

付款人注意：
1. 应于检票当日通知开户银行划款；
2. 如需拒付，应在规定期限内，将拒付理由书并附债务证明退交开户银行。

（此联收款人开户银行给付款人按期付款的通知）

中国工商银行股份有限公司
金华市长安里支行
业务专用章
3YBR2PYA
KEW9LKHD

单位主管：　会计：　复核：　记账：　付款人开户银行（盖章）：　年 月 日

55-1

053119536285

陕西省增值税普通发票

No 09741939

全国统一发票监制章
发票联
国家税务总局监制

开票日期：××××年12月21日

检验码 77394 32733 11658 46391

购货单位	名　称：	金华市五湖机械有限公司	密码区	<6>958317<*4+-5+1327+-7/*64 >7115994831/9258<99/<984396 0302144<0871<9943*/3750<+-7 /*64>2115995261378/*88426>59
	纳税人识别号：	913307101995141601		
	地　址、电话：	金华市长安里888号		
	开户行及账号：	工行长安里支行 8145105867508100882		

货物或应税劳务、服务名称	规格型号	单位	数量	单价	金额	税率	税额
生活服务*住宿费		天	4		1 132.08	6%	67.92
合计					¥1 132.08	6%	¥67.92

价税合计（大写）	壹仟贰佰元整	（小写）¥1 200.00

销货单位	名　称：	星辰宾馆	备注	
	纳税人识别号：	618302100044558116		
	地　址、电话：	西安市尚朴路99号		
	开户行及账号：	工行北大街支行 6806610586557986823		

收款人：　　复核：　　开票人：冯丽　　销货单位：（章）

星辰宾馆 发票专用章

（第二联发票联：购货方记账凭证）

（国税印（××××）×××号）

55－2

55－3

55－4

差旅费报销单

××××年12月22日

姓名：李明			部门：销售部		出差事由：市场调查			单据张数：3张	
起止日期			起止地点	火车费	市内车费	住宿费	出差补助		其他
月	日	月	日				标准	天数	金额	
12	17	12	17	金华—西安	722.00		1 200.00	180.00	5	900.00	
12	21	12	21	西安—金华	722.00						
			合计	1 444.00		1 200.00		5	900.00	

人民币（大写）：叁仟伍佰肆拾肆元整　　借款：¥2 000.00　　应补（退）：¥1 544.00

审核：王政　　部门主管：刘一明　　财务主管：孙立

55－5

国内业务付款回单

客户号：123199886　　　　　　　　　　日期：××××年12月22日
付款人账号：8145105867508100882　　　收款人账号：6222081242045276341
付款人名称：金华市五湖机械有限公司　　收款人名称：李明
付款人开户行：工行长安里支行　　　　　收款人开户行：工行文化路支行
金额：CNY1 544.00
人民币壹仟伍佰肆拾肆元整

业务种类：转账支出　　　业务编号：65248872　　　凭证号码：
用途：差旅费
备注：
附言：
　　自助打印，请避免重复
交易机构：27669　　交易渠道：网上银行　　交易流水号：659841911—228…
回单编号：××××1204765449103　　回单验证码：687L6PWTR9RT　　打印时间：10：20：46　　打印次数：

56－1

033079722398　　　　　　　　浙江省增值税专用发票　　　　　　No 08879587

检验码 72394 82058 11187 96345　　　　　　　　　　　　　　开票日期：××××年12月22日

购货单位	名　称：金华市五湖机械有限公司 纳税人识别号：913307101995141601 地址、电话：金华市长安里888号 开户行及账号：工行长安里支行 8145105867508100882	密码区	<6>958317<*4+-5+1327+-7/*64 >2115994831/9258<99/<984396 0302126<0871<9943*/3750<+-7 /*64>2115994831401/*65398>96

货物或应税劳务、服务名称	规格型号	单位	数量	单价	金额	税率	税额
电费					14 273.50	13%	1 855.56
合计					¥14 273.50	13%	¥1 855.56

价税合计（大写）	壹万陆仟壹佰贰拾玖元零陆分	（小写）¥16 129.06

销货单位	名　称：金华市电力公司 纳税人识别号：913301563426777690 地址、电话：金华市江滨路90号 开户行及账号：工行浙师大支行 4204527000088973815	备注

收款人：　　复核：　　开票人：李莉莉　　销货单位：（章）

56－2

浙江省增值税专用发票

033079722398　　　　　　　　　　　　　　　　　　　　　　No 08879587

全国统一发票监制章
浙江
抵扣联
国家税务总局监制

开票日期：××××年12月22日

检验码 72394 82058 11187 96345

购货单位	名　　　称	金华市五湖机械有限公司	密码区	<6>958317<*4+-5+1327+-7/*64 >2115994831/9258<99/<984396 0302126<0871<9943*/3750<+-7 /*64>2115994831401/*65398>96
	纳税人识别号	913307101995141601		
	地 址、电 话	金华市长安里888号		
	开户行及账号	工行长安里支行 8145105867508100882		

货物或应税劳务、服务名称	规格型号	单位	数量	单价	金额	税率	税额
电费					14 273.50	13%	1 855.56
合计					¥14 273.50	13%	¥1 855.56

| 价税合计（大写） | 壹万陆仟壹佰贰拾玖元零陆分 | （小写）¥16 129.06 |

销货单位	名　　　称	金华市电力公司	备注	
	纳税人识别号	913301563426777690		
	地 址、电 话	金华市江滨路90号		
	开户行及账号	工行浙师大支行 4204527000088973815		

收款人：　　　　　复核：　　　　　开票人：李莉莉　　　　　销货单位：（章）

第一联抵扣联：购货方抵扣凭证

国税函（××××）××号

56－3

委托收款凭证（付款通知）5

第　　号

委邮

委托日期 ××××年12月22日　　　　　委托号码 420391
付款日期 ××××年12月22日

付款人	全称	金华市五湖机械有限公司	收款人	全称	金华市电力公司									
	账号或住址	8145105867508100882		账号	4204527000088973815									
	开户银行	工行长安里支行		开户银行	工行浙师大支行	行号								
委托收款	人民币（大写）	壹万陆仟壹佰贰拾玖元零陆分				千	百	十	万	千	百	十	元	角	分
									¥	1	6	1	2	9	0	6
款项内容	12月份电费	委托收款票据名称		附寄单证张数										
备注：			付款人注意： 1.应于检票当日通知开户银行扣款 2.如需拒付，应在规定期限内，将拒付理由书并附债务证明退交开户银行											

单位主管：　　会计：　　复核：　　记账：　　付款人开户银行盖章：　　　年　月　日

此联收款人开户银行给付款人按期付款的通知

57-1

浙江省增值税专用发票 　　No 08879642

033079788595

检验码 72394 82033 11347 96337　　开票日期：××××年12月22日

发票联

购货单位	名　　称：金华市五湖机械有限公司					密码区	<6>958317<*4+-5+1327+-7/*64 >2115994831/9258<99/<984396 0302126<0871<9943*/3750<+-7 /*64>2115994831771/*21398>05		
	纳税人识别号：913307101995141601								
	地　址、电话：金华市长安里888号								
	开户行及账号：工行长安里支行 8145105867508100882								
货物或应税劳务、服务名称	规格型号	单位	数量	单价	金额		税率	税额	
水费					6 705.13		9%	603.46	
合计					¥6 705.13		9%	¥603.46	
价税合计（大写）	柒仟叁佰零捌元伍角玖分				（小写）¥7 308.59				
销货单位	名　　称：金华市自来水公司					备注			
	纳税人识别号：913301563426779076								
	地　址、电话：金华市八一南路19号								
	开户行及账号：工行婺城支行 4204527000099824428								

收款人：　　　复核：　　　开票人：李华华　　　销货单位：（章）

57-2

浙江省增值税专用发票 　　No 08879642

033079788595

检验码 72394 82033 11347 96337　　开票日期：××××年12月22日

抵扣联

购货单位	名　　称：金华市五湖机械有限公司					密码区	<6>958317<*4+-5+1327+-7/*64 >2115994831/9258<99/<984396 0302126<0871<9943*/3750<+-7 /*64>2115994831771/*21398>05		
	纳税人识别号：913307101995141601								
	地　址、电话：金华市长安里888号								
	开户行及账号：工行长安里支行 8145105867508100882								
货物或应税劳务、服务名称	规格型号	单位	数量	单价	金额		税率	税额	
水费					6 705.13		9%	603.46	
合计					¥6 705.13		9%	¥603.46	
价税合计（大写）	柒仟叁佰零捌元伍角玖分				（小写）¥7 308.59				
销货单位	名　　称：金华市自来水公司					备注			
	纳税人识别号：913301563426779076								
	地　址、电话：金华市八一南路19号								
	开户行及账号：工行婺城支行 4204527000099824428								

收款人：　　　复核：　　　开票人：李华华　　　销货单位：（章）

57-3

委托收款凭证（付款通知）5

第 号
委托日期××××年12月22日　　委托号码 420392
付款日期××××年12月22日

委邮

付款人	全称	金华市五湖机械有限公司	收款人	全称	金华市自来水公司										
	账号或住址	8145105867508100882		账号	4204527000099824428										
	开户银行	工行长安里支行		开户银行	工行婺城支行	行号									
委托收款	人民币（大写）	柒仟叁佰零捌元伍角玖分			千	百	十	万	千	百	十	元	角	分
							¥	7	3	0	8	5	9
款项内容	12月份水费	委托收款票据名称		附寄单证张数											
备注：			付款人注意： 1.应于检票当日通知开户银行划款 2.如需拒付，应在规定期限内，将拒付理由书并附债务证明退交开户银行											

此联收款人开户银行给付款人按期付款的通知

单位主管：　　会计：　　复核：　　记账：　　付款人开户银行盖章：　　年　月　日

58-1

033079722358

浙江省增值税专用发票

No 08880557

发票联

开票日期：××××年12月22日

检验码 72394 82033 11385 96345

购货单位	名称	金华市五湖机械有限公司	密码区	<6>958317<*4+-5+1327+-7/*64 >2115994831/9258<99/<984396 0302126<0871<9943*/3750<+-7 /*64>2115994831771/*65788>39
	纳税人识别号：913307101995141601			
	地址、电话：金华市长安里888号			
	开户行及账号：工行长安里支行 8145105867508100882			

货物或应税劳务、服务名称	规格型号	单位	数量	单价	金额	税率	税额
11月份基础电信服务费					1 470.59	9%	132.35
11月份增值电信服务费					1 150.12	6%	69.01
合计					¥2 620.71		¥201.36
价税合计（大写）	贰仟捌佰贰拾贰元零柒分			（小写） ¥2 822.07			

销货单位	名称	中国电信金华分公司	备注	
	纳税人识别号：913301474552752269			
	地址、电话：金华市滨虹路88号			
	开户行及账号：工行滨虹路支行 8145105867559841666			

收款人：　　复核：　　开票人：吴姗姗　　销货单位：（章）

第二联 发票联：购货方记账凭证

58－2

```
033079722358        浙江省增值税专用发票            No 08880557
                         抵扣联
                                              开票日期：××××年12月22日
检验码 72394 82033 11385 96345
```

购货单位	名　称	金华市五湖机械有限公司	密码区	<6>958317<*4+-5+1327+-7/*64 >2115994831/9258<99/<984396 0302126<0871<9943*/3750<+-7 /*64>2115994831771/*65788>39
	纳税人识别号	913307101995141601		
	地址、电话	金华市长安里888号		
	开户行及账号	工行长安里支行 8145105867508100882		

货物或应税劳务、服务名称	规格型号	单位	数量	单价	金额	税率	税额
11月份基础电信服务费					1 470.59	9%	132.35
11月份增值电信服务费					1 150.12	6%	69.01
合计					¥2 620.71		¥201.36
价税合计（大写）	贰仟捌佰贰拾贰元零柒分			（小写）¥2 822.07			

销货单位	名　称	中国电信金华分公司	备注	
	纳税人识别号	913301474552752269		
	地址、电话	金华市滨虹路88号		
	开户行及账号	工行滨虹路支行 8145105867559841666		

收款人：　　复核：　　开票人：吴姗姗　　销货单位：（章）

58－3

委托收款凭证（付款通知）5

第　号

委邮

委托日期××××年12月22日　　　委托号码 420393
付款日期××××年12月22日

付款人	全称	金华市五湖机械有限公司	收款人	全称	中国电信金华分公司									
	账号或地址	8145105867508100882		账号	8145105867559841666									
	开户银行	工行长安里支行		开户银行	工行滨虹路支行	行号								

委托收款	人民币（大写）	贰仟捌佰贰拾贰元零柒分	千	百	十	万	千	百	十	元	角	分
						¥	2	8	2	2	0	7

款项内容	长话费	委托收款票据名称	附寄单证张数	
	市话费			
	信息费			

备注：

付款人注意：
1.应于检票当日通知开户银行划账。
2.如需拒付，应在规定期限内，将拒付理由书并附债务证明退交开户银行。

单位主管：　　会计：　　复核：　　记账：　　付款人开户银行盖章：　　年　月　日

59－1

信用证开证申请书

致：中国工商银行

日期：××××年12月22日　　　　　信用证号码：　　　　　　　合同号：

受益人（全称和详细地址）	
申请人（全称和详细地址）	名称：金华市五湖机械有限公司 地址：金华市长安里888号
到期日和到期地点	××××年12月31日　　中国金华
金额（大、小写）	肆拾贰万零肆佰伍拾叁元整　¥420 453.00
付款方式	此证可由　□任何银行　☑开证行　□其他 ☑即期付款　□承兑　□议付　□迟期付款
汇票要求	汇票为发票金额的_____%，付款期限为_____； 从_____银行提取
转运与分批装运条款	转　运　☑允许　□不允许 分批装运　□允许　☑不允许 装运从_____　运　至_____（空运填写） 装运港_____　卸货港_____（海运填写）

所需单据（用"√"标明）：
- □ 经签字的商业发票一式_____份，标明信用证号和合同号：_____。
- □ 全套清洁已装船的海运提单做成　□空白抬头　□空白背书，注明"运费　□已付　□到付"，□标明运费金额，并通知_____。
- □ 空运单据收货人为开证申请人，注明"运费　□已付　□到付"，并通知_____。
- □ 全套保险单/保险凭证，按发票金额的_____%投保，空白背书，注明赔付地在中国，以汇票币种支付，覆盖　□海运　□空运　□陆运，承保一切险、战争险和_____。
- □ 装运单/重量证明一式_____份，注明每一包装的数量、毛重和净重。
- □ 数量/重量证明一式_____份，由独立的检验人在装运港出具，注明已装货物的实际检验数量/重量及包装条件。
- □ 品质证一式_____份，由制造商/公众认可的检验人出具。受益人电讯/电传方式通知申请人装船证明副本。该证明须在装船后_____天内发出，并注明货物的数量、重量和货物价值，以及该货物的名称、信用证号、船名或航班号、装运日。
- □ 船公司的证明，证实运输船舶由申请人或其代理人租订。
- □ 其他单据。

附加条款
- □ 开证行以外的所有银行费用由受益人承担。
- □ 所需单据须在运输单据签发日后_____天内提交，但不得超过信用证有效期。
- □ 第三方为托运人不可接受；简式提单不可接受。
- □ 数量及信用证金额允许有_____%的增减。
- □ 其他条款。

开证申请人：（盖章）
法定代表人：
联　系　人：
电　　　话：

59－2

中国工商银行

信用证

开证日期：××××年12月22日

开证申请人	全称	金华市五湖机械有限公司	受益人	全称	
	地址	金华市长安里888号		地址	
	邮编	321000		邮编	
	账号	8145105867508100882		账号	
	开户行	工行长安里支行		开户行	

开证金额	人民币（大写）	肆拾贰万零肆佰伍拾叁元整	亿	千	百	十	万	千	百	十	元	角	分
						¥	4	2	0	4	5	3	0	0

有效日期及有效地点	××××年12月31日 中国金华
通知行名称及行号	工行长安里支行 102338001388

运输方式：　　　　　　　　　　　　　　交货期：
付款方式：即期付款☑ 迟期付款☐ 议付☐　　付款日期：即期☐ 运输单据签发日后若干天☐
议付行名称及行号：
分批装运：允许☐ 不允许☑　　　　　　　转运：允许☑ 不允许☐
货物运输起止地：自韩国至中国金华　　　　最迟装运日期：××××年12月31日
货物描述：现代汽车

受益人应提交的单据：

其他条款：

　　本信用证依据中国人民银行《国内信用证结算办法》和申请人的开证申请书开立，本信用证为不可撤销、不可转让信用证。我行保证在收到单证相符的单据后，履行付款的责任。如信用证系议付信用证，受益人开户行将每次提交单据情况背书记录在正本信用证背面。

开户行地址：　　　　　　　　　　　　　邮　箱：
电　传：　　　　　　　　　　　　　　　电　话：
传　真：　　　　　　　　　　　　　　　开证行签章：

59-3

国内业务付款回单

客户号：123199886	日期：××××年12月22日
付款人账号：8145105867508100882	收款人账号：
付款人名称：金华市五湖机械有限公司	收款人名称：
付款人开户行：工行长安里支行	收款人开户行：
金额：CNY525.00	
人民币伍佰贰拾伍元整	
业务种类：收费　　业务编号：65248757	凭证号码：
用途：信用证申请手续费	
备注：	
附言：	
自助打印，请避免重复	
交易机构：27669　　交易渠道：网上银行	流水号：659841909—878 3YB22D7A KEW9LKHD
回单编号：××××1204765449166　　回单验证码：687L6PUWS9RQ	打印时间：15:36:18　　打印次数：

（中国工商银行股份有限公司 金华市长安里支行 业务专用章）

60-1

产成品入库单

收货部门：仓库　　　　　　　　　　　　　　　　　××××年12月23日

类别	编号	产成品名称	规格型号	单位	数量	单位成本	金额
产品		甲产品		台	40		
产品		乙产品		台	40		
备注：					合计		

第三联 财务记账

保管：黄改云　　　　　　　　　入库经办人：

61-1

033079023689　　　　**浙江省增值税专用发票**　　　　No 08871263

此联不作报销、抵扣凭证使用　　　开票日期：××××年12月23日

检验码 72394 82033 11307 97158

购货单位	名　称	金华市达达商贸有限公司	密码区	<6>958317<*4+-5+1327+-7/*64 >2115994831/9258<99/<984396 0302126<0871<9943*/3750<+-7 /*64>2115994831771/*78779>49
	纳税人识别号	3201057836241678		
	地址、电话	金华市北海路1号		
	开户行及账号	交行北海路支行 6626032078373315558		

货物或应税劳务、服务名称	规格型号	单位	数量	单价	金额	税率	税额
甲产品		台	2	7 100.00	14 200.00	13%	1 846.00
合计					¥14 200.00	13%	¥1 846.00

价税合计（大写）	壹万陆仟零肆拾陆元整	（小写）¥16 046.00

销货单位	名　称	金华市五湖机械有限公司	备注	
	纳税人识别号	913307101995141601		
	地址、电话	金华市长安里888号		
	开户行及账号	工行长安里支行 8145105867508100882		

收款人：　　　复核：　　　开票人：刘浩　　　销货单位：（章）

61-2

出　库　单

发货部门：仓库　　　　　　　　　　　　　　　　　　　　　第　号
收货单位：金华市达达商贸有限公司　　　　　　　　　　　××××年12月23日

类别	编号	名称型号	单位	应发数量	实发数量	单位成本	金额
产品		甲产品	台	2	2		
备注：						合计	

负责人：　　　经发：　　　保管：黄改云　　　填单：

61-3

付款期限 壹个月			交通银行 银行本票 2				汇票号码 第　号	

出票日期（大写）：××××年壹拾贰月贰拾叁日		代理付款行：交行北海路支行	行号：21035021568
收款人：金华市五湖机械有限公司	账号：8145105867508100882		
出票金额	人民币（大写）	壹万陆仟零肆拾陆元整	
实际结算金额	人民币（大写）	壹万陆仟零肆拾陆元整	千百十万千百十元角分　¥ 1 6 0 4 6 0 0
申请人：金华市达达商贸有限公司		账号或住址：6626032078373315558	
出票行：交行北海路支行		行号：21035021568	
备注：			
凭票付款			
出票行签章（交通银行金华市北海路支行业务专用章 3YBR2PYA KEW8KHIL）		密押 多余金额 千百十万千百十元角分	科　目（借）： 对方科目（贷）： 兑付日期：　年　月　日 复核：　　　记账：

此联代理付款行付款后作联行往账借方凭证附件

61-4

付款期限 壹个月			交通银行 银行本票解讫通知 3				汇票号码 第　号	

出票日期（大写）：××××年壹拾贰月贰拾叁日		代理付款行：交行北海路支行	行号：21035021568
收款人：金华市五湖机械有限公司	账号：8145105867508100882		
出票金额	人民币（大写）	壹万陆仟零肆拾陆元整	
实际结算金额	人民币（大写）	壹万陆仟零肆拾陆元整	千百十万千百十元角分　¥ 1 6 0 4 6 0 0
申请人：金华市达达商贸有限公司		账号或住址：6626032078373315558	
出票行：交行北海路支行		行号：21035021568	
备注：			
代理付款行盖章（交通银行金华市北海路支行业务专用章 3YBR2PYA KEW8KHIL）		密押 多余金额 千百十万千百十元角分	科　目（借）： 对方科目（贷）： 兑付日期：　年　月　日 复核：　　　记账：
复核：　　　经办：			

61-5

国内业务收款回单

客户号：123199886	日期：××××年12月23日
收款人账号：8145105867508100882	付款人账号：6626032078373315558
收款人名称：金华市五湖机械有限公司	付款人名称：金华市达达商贸有限公司
收款人开户行：工行长安里支行	付款人开户行：交行北海路支行
金额：CNY16 046.00	
人民币壹万陆仟零肆拾陆元整	

业务种类：银行本票解讫　　业务编号：65185875　　凭证号码：

用途：货款

备注：

附言：

自助打印，请避免重复

交易机构：27669　　交易渠道：网上银行　　交易流水号：659869331—662　　经办：

回单编号：××××1204765452489　　回单验证码：687L9UUTR9RT　　打印时间：09:58:10　　打印次数：

（中国工商银行股份有限公司 金华市长安里支行 业务专用章 3YBR2PYA KEW9LKHD）

62-1

国内业务付款回单

客户号：123199886	日期：××××年12月23日
付款人账号：8145105867508100882	收款人账号：6345106666522292836
付款人名称：金华市五湖机械有限公司	收款人名称：上海天马有限公司
付款人开户行：工行长安里支行	收款人开户行：工行上海建康路支行
金额：CNY460 000.00	
人民币肆拾陆万元整	

业务种类：转账支出　　业务编号：65248872　　凭证号码：

用途：货款

备注：

附言：

自助打印，请避免重复

交易机构：27669　　交易渠道：网上银行　　交易流水号：659869431—662　　经办：

回单编号：××××1204765452556　　回单验证码：687P8PUTR9RT　　打印时间：08:21　　打印次数：

（中国工商银行股份有限公司 金华市长安里支行 业务专用章 3YBR2PYA KEW9LKHD）

63-1

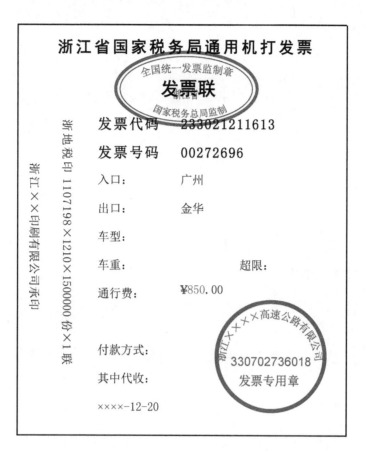

63-2

支 出 证 明 单

××××年12月23日 附件共1张

支出科目	摘要	金额						缺乏正式单据之原因
		万	千	百	十	元	角	分	
交通费	过桥过路费			8	5	0	0	0	

合计人民币（大写）：捌佰伍拾元整　¥850.00

核准：王政　　　复核：孙立　　　证明人：张利　　　经手：刘一明

64-1

033079778301

浙江省增值税专用发票

No 08879009

开票日期：××××年12月23日

检验码 72394 82033 11397 66345

购货单位	名　　称：	金华市五湖机械有限公司				密码区	<6>958317<*4+-5+1327+-7/*64 >2115994831/9258<99/<984396 0302126<0871<9943*/3750<+-7 /*64>2115994831771/*65398>04
	纳税人识别号：	913307101995141601					
	地　址、电话：	金华市长安里888号					
	开户行及账号：	工行长安里支行 8145105867508100882					

货物或应税劳务、服务名称	规格型号	单位	数量	单价	金额	税率	税额
纸、笔、墨					2 991.45	13%	388.89
合计					¥2 991.45	13%	¥388.89
价税合计（大写）	叁仟叁佰捌拾元叁角肆分				（小写）¥3 380.34		

销货单位	名　　称：	金华立信文化用品商店	备注	
	纳税人识别号：	913301474552750007		
	地　址、电话：	金华市彩虹路90号		
	开户行及账号：	工行彩虹路支行 8145105867595837577		

收款人：　　　　复核：　　　　开票人：吴平　　　　销货单位：（章）

第二联 发票联：购货方记账凭证

64-2

033079778301

浙江省增值税专用发票

No 08879009

开票日期：××××年12月23日

检验码 72394 82033 11397 66345

购货单位	名　　称：	金华市五湖机械有限公司				密码区	<6>958317<*4+-5+1327+-7/*64 >2115994831/9258<99/<984396 0302126<0871<9943*/3750<+-7 /*64>2115994831771/*65398>04
	纳税人识别号：	913307101995141601					
	地　址、电话：	金华市长安里888号					
	开户行及账号：	工行长安里支行 8145105867508100882					

货物或应税劳务、服务名称	规格型号	单位	数量	单价	金额	税率	税额
纸、笔、墨					2 991.45	13%	388.89
合计					¥2 991.45	13%	¥388.89
价税合计（大写）	叁仟叁佰捌拾元叁角肆分				（小写）¥3 380.34		

销货单位	名　　称：	金华立信文化用品商店	备注	
	纳税人识别号：	913301474552750007		
	地　址、电话：	金华市彩虹路90号		
	开户行及账号：	工行彩虹路支行 8145105867595837577		

收款人：　　　　复核：　　　　开票人：吴平　　　　销货单位：（章）

第一联 抵扣联：购货方抵扣凭证

64－3

国内业务付款回单

客户号：123199886	日期：××××年12月23日
付款人账号：8145105867508100882	收款人账号：8145105867595837577
付款人名称：金华市五湖机械有限公司	收款人名称：金华立信文化用品商店
付款人开户行：工行长安里支行	收款人开户行：工行彩虹路支行

金额：CNY3 380.34

人民币叁仟叁佰捌拾元叁角肆分

业务种类：转账支出　　业务编号：65248872　　凭证号码：

用途：购买办公用品

备注：

附言：

自助打印，请避免重复

交易机构：27669　　交易渠道：网上银行　　交易流水号：659869769—632　　经办：

回单编号：××××1204765452796　　回单验证码：687L6PUTT9RT　　打印时间：11:58:21　　打印次数：

（中国工商银行股份有限公司 金华市长安里支行 业务专用章 3YBR2PYA KEW9LKHD）

64－4

文具领用汇总表

××××年12月23日

部门	名称	数量	单价	金额	领用人签名
生产车间	纸、笔、墨			854.70	林冰
管理部门	纸、笔、墨			1 282.05	王政
销售部门	纸、笔、墨			854.70	刘一明
备注：			合计	¥2 991.45	—

主管部门：　　　　负责人：　　　　保管：　　　　制表：李涛

65-1

金华市五湖机械有限公司流动资金损失核销单

××××年12月23日

××××年		单位	款项内容	金额	报批原因
月	日				
6	3	湖南长沙汽配公司	甲产品	5 100.00	当时该公司以货未收到为由拒付该笔货款,几年来去人查核三次,去信联系多次均无着落。现因相隔时间较长且查证困难,要求作坏账损失处理
经办人:孙立				领导意见:同意 王平 ××××年12月23日	

会计主管:×××　　　　复核:×××　　　　制单:×××

66-1

贴现申请书

工行长安里支行:

  我公司于<u>××××</u>年<u>12</u>月<u>10</u>日与<u>武汉九头鸟公司</u>签订 No.0022745号供销合同,同意武汉九头鸟公司以商业承兑汇票方式结清账款。<u>××××</u>年<u>12</u>月<u>12</u>日<u>武汉九头鸟公司</u>开给(或背书转让给)我公司商业承兑汇票壹张,金额为人民币(大写)<u>壹拾壹万叁仟元整</u>。现我公司由于流动资金紧张及业务发展需要,特向贵行申请商业汇票贴现。

  附汇票基本要素:

  汇票号码:00100032 22980924　　　承兑协议编号:

  我公司郑重承诺:如因本汇票之真伪或对方银行因各种原因拒付而给贵行造成的一切经济损失,由我公司承担全部赔付责任。

公司名称:金华市五湖机械有限公司

法人代表签字:王平

王平印章

××××年12月23日

66－2

中国工商银行贴现清单

客户号：123199886	日期：××××年12月23日
收款人账号：8145105867508100882	付款人账号：32022998444445637123
收款人名称：金华市五湖机械有限公司	付款人名称：武汉九头鸟公司
收款人开户行：工行长安里支行	付款人开户行：建行江大路支行
实收贴现金额：CNY112 417.00	
人民币壹拾壹万贰仟肆佰壹拾柒元整	
业务种类：商业汇票贴现　　业务编号：65071874　　凭证号码：	
用途：商业汇票贴现	
备注：已扣除贴现利息583.00元	
附言：	
自助打印，请避免重复	
交易机构：27669　　交易渠道：网上银行　　交易流水号：659869898—662　　经办：	
回单编号：××××1204765452997　　回单验证码：687L6PUTS9RT　　打印时间：14：58：01　　打印次数：	

（中国工商银行股份有限公司 金华市长安里支行 业务专用章 3YBR2PYA KEW9LKHD）

66－3

国内业务付款回单

客户号：123199886	日期：××××年12月23日
付款人账号：8145105867508100882	收款人账号：
付款人名称：金华市五湖机械有限公司	收款人名称：
付款人开户行：工行长安里支行	收款人开户行：
金额：CNY583.00	
人民币伍佰捌拾叁元整	
业务种类：商业汇票贴现　　业务编号：65071874　　凭证号码：	
用途：支付贴现利息	
备注：	
附言：	
自助打印，请避免重复	
交易机构：27669　　交易渠道：网上银行　　交易流水号：659869899—662　　经办：	
回单编号：××××1204765452998　　回单验证码：687L6PUTR9RE　　打印时间：14：59：40　　打印次数：	

（中国工商银行股份有限公司 金华市长安里支行 业务专用章 3YBR2PYA KEW9LKHD）

67-1

033079023689

浙江省增值税专用发票

No 08871264

此联不作报销，抵扣凭证使用　　开票日期：××××年12月23日

检验码 72394 82033 11307 97558

购货单位	名　　称：	江西省时新商贸公司	密码区	＜6＞958317＜*4+-5+1327+-7/*64 ＞2115994831/9258＜99/＜984396 0302126＜0871＜9943*/3750＜+-7 /*64＞2115994831771/*78740＞22
	纳税人识别号：	520105786241679738		
	地址、电话：	南昌市江北路8号 64667198		
	开户行及账号：	建行江北路支行 32096000088883237126		

货物或应税劳务、服务名称	规格型号	单位	数量	单价	金额	税率	税额
乙产品		台	35	10 500.00	367 500.00	13%	47 775.00
合计					¥367 500.00	13%	¥47 775.00

价税合计（大写）	肆拾壹万伍仟贰佰柒拾伍元整	（小写）¥415 275.00

销货单位	名　　称：	金华市五湖机械有限公司	备注
	纳税人识别号：	913307101995141601	
	地址、电话：	金华市长安里888号	
	开户行及账号：	工行长安里支行 8145105867508100882	

收款人：　　　复核：　　　开票人：刘浩　　　销货单位：（章）

第三联记账联：销货方记账凭证

国税函（××××）×××号

67-2

出　库　单

发货部门：仓库　　　　　　　　　　　　　　　　　　　第　号
收货单位：江西省时新商贸公司　　　　　　　　　××××年12月23日

类别	编号	名称型号	单位	应发数量	实发数量	单位成本	金额
产品		乙产品	台	35	35		
备注：						合计	

负责人：　　　经发：　　　保管：黄改云　　　填单：

第三联财务记账

67-3

国内业务收款回单

客户号：123199886	日期：××××年12月23日
收款人账号：8145105867508100882	付款人账号：32096000088883237126
收款人名称：金华市五湖机械有限公司	付款人名称：江西省时新商贸公司
收款人开户行：工行长安里支行	付款人开户行：建行江北路支行
金额：CNY415 275.00	
人民币肆拾壹万伍仟贰佰柒拾伍元整	
业务种类：银行转账　　业务编号：65085873　　凭证号码：	
用途：货款	
备注：	
附言：	
自助打印，请避免重复	
交易机构：27669　　交易渠道：网上银行　　交易流水号：659869000—662	
回单编号：××××1204765452999　回单验证码：687L6PUTR9RT　打印时间：15：00：10　打印次数：	

（中国工商银行股份有限公司 金华市长安里支行 业务专用章 3YBR2PYA KEW9LKHD）

68-1

国内业务收款回单

客户号：123199886	日期：××××年12月23日
收款人账号：8145105867508100882	付款人账号：88632022598006562338
收款人名称：金华市五湖机械有限公司	付款人名称：香港万达公司
收款人开户行：工行长安里支行	付款人开户行：建行九龙支行
金额：CNY85 600.00	
人民币捌万伍仟陆佰元整	
业务种类：银行转账　　业务编号：65085873　　凭证号码：	
用途：货款	
备注：	
附言：	
自助打印，请避免重复	
交易机构：27669　　交易渠道：网上银行　　交易流水号：659869008—662	
回单编号：××××1204765453009　回单验证码：687L6PUTR9WT　打印时间：15：05：33　打印次数：	

（中国工商银行股份有限公司 金华市长安里支行 业务专用章 3YBR2PYA KEW9LKHD）

69-1

033079023689　　　　**浙江省增值税专用发票**　　　　No 08871265

此联不作报销，抵扣凭证使用　　开票日期：××××年12月24日

检验码 72394 82033 11307 97758

购货单位	名　　　称	上海东方商贸有限公司	密码区	<6>958317<*4+-5+1327+-7/*64
	纳税人识别号	120105783624167		>2115994831/9258<99/<984396
	地　址、电　话	上海市海口路1号 89567468		0302126<0871<9943*/3750<+-7
	开户行及账号	交行海口路支行 6226088320563731212		/*64>2115994831771/*80779>67

货物或应税劳务、服务名称	规格型号	单位	数量	单价	金额	税率	税额
甲产品		台	78	7 000.00	546 000.00	13%	70 980.00
合计					¥546 000.00	13%	¥70 980.00

价税合计（大写）　陆拾壹万陆仟玖佰捌拾元整　　（小写）¥616 980.00

销货单位	名　　　称	金华市五湖机械有限公司	备注	
	纳税人识别号	913307101995141601		
	地　址、电　话	金华市长安里888号		
	开户行及账号	工行长安里支行 8145105867508100882		

收款人：　　　复核：　　　开票人：刘浩　　　销货单位：（章）

第三联记账联：销货方记账凭证

国税函（××××）××××号

69-2

出　库　单

发货部门：仓库　　　　　　　　　　　　　　　　　　第　号
收货单位：上海东方商贸有限公司　　　　　　　　　××××年12月24日

类别	编号	名称型号	单位	应发数量	实发数量	单位成本	金额
产品		甲产品	台	78	78		
备注：						合计	

负责人：　　　经发：　　　保管：黄改云　　　填单：

第三联 财务记账

69－3

国内业务收款回单

客户号：123199886	日期：××××年12月24日
收款人账号：8145105867508100882	付款人账号：6226088320563731212
收款人名称：金华市五湖机械有限公司	付款人名称：上海东方商贸有限公司
收款人开户行：工行长安里支行	付款人开户行：交行海口路支行
金额：CNY616 980.00	
人民币陆拾壹万陆仟玖佰捌拾元整	

业务种类：银行转账	业务编号：65085873	凭证号码：	
用途：货款			
备注：			
附言：			
自助打印，请避免重复			
交易机构：27669	交易渠道：网上银行	交易流水号：659869123—889	经办：
回单编号：××××1204765453106	回单验证码：687L6PUPR9RT	打印时间：10：19：22	打印次数：

（中国工商银行股份有限公司 金华市长安里支行 业务专用章 3YBR2PYA KEW9LKHD）

70－1

国内业务付款回单

客户号：123199886	日期：××××年12月24日
付款人账号：8145105867508100882	收款人账号：
付款人名称：金华市五湖机械有限公司	收款人名称：
付款人开户行：工行长安里支行	收款人开户行：
金额：CNY15 000.00	
人民币壹万伍仟元整	

业务种类：收费	业务编号：65248757	凭证号码：	
用途：支付贷款利息			
备注：			
附言：			
自助打印，请避免重复			
交易机构：27669	交易渠道：网上银行	交易流水号：659869124—889	经办：
回单编号：××××1204765453107	回单验证码：687L6PUTR9RT	打印时间：20：46	打印次数：

（中国工商银行股份有限公司 金华市长安里支行 业务专用章 3YBR2PYA KEW9LKHD）

71-1

033079023689　　　**浙江省增值税专用发票**　　　No08871266

此联不作报销、抵扣凭证使用　　　开票日期：××××年12月24日

检验码 72394 82033 11389 96355

购货单位	名　称：金华永信有限责任公司				密码区	<6>958317<*4+-5+1327+-7/*64 >2115994831/9258<99/<984396 0302126<0871<9943*/3750<+-7 /*64>2115994831771/*78779>52			
	纳税人识别号：913201057862455855								
	地址、电话：金华市新华路2号84623180								
	开户行及账号：建行新华路支行32022598888000077366								
货物或应税劳务、服务名称	规格型号	单位	数量	单价	金额		税率	税额	
甲产品		台	15	7 400.00	111 000.00		13%	14 430.00	
乙产品		台	20	10 500.00	210 000.00		13%	27 300.00	
合计					¥ 321 000.00		13%	¥41 730.00	
价税合计（大写）	叁拾陆万贰仟柒佰叁拾元整				（小写）¥362 730.00				
销货单位	名　称：金华市五湖机械有限公司				备注				
	纳税人识别号：913307101995141601								
	地址、电话：金华市长安里888号								
	开户行及账号：工行长安里支行8145105867508100882								

收款人：　　复核：　　开票人：刘浩　　销货单位：（章）

注：合同约定的现金折扣条件为5/10，2/20，n/30。

71-2

出　库　单

发货部门：仓库　　　　　　　　　　　　　　　　第　号

收货单位：金华永信有限责任公司　　　　　　　××××年12月24日

类别	编号	名称型号	单位	应发数量	实发数量	单位成本	金额
产品		甲产品	台	15	15		
产品		乙产品	台	20	20		
备注：						合计	

负责人：　　经发：　　保管：黄改云　　填单：

72－1

STXEngine Co. Ltd.

80,Seongsan-dong,ChangwonGyungsangnam-do.Korea 641-315

Tel: 82-55-280-0114 Fax: 82-55-285-2030

INVOICE

To : JINHUA WUHU MACHINERY Co.
  888 Changanli, Jinhua, China

Invoice No. : JKJ070213A

Dec.××, ××××

Description	Q'ty	Unit price	Total amount
Ford 2.4 exhaust volume car	1 vehicles	CNY420 453	CNY420 453
- Contract No.:NLPC-015			
- 1 st Down Payment(100% of the Contract value)			CNY420 453
Grand Total…………………………………………………………………			CNY420 453

We'd like you to take care of the above payment as soon as possible by telegrapic transfer to below account and confirm by return fax the date once such remittance is effected.

Bank:Woori Bank(Changwon Operation Team)
Add.:851-1,Oi-dong,changwon-si,Kyungnam,641-020,Korea
SWIFT Code:HVBKKRSE
Account No.:865-001774-42-003

STX Engine Co.Ltd.

K . S. RheePresident
& CEO

Signed by

72－2

海关进出口关税专用缴款书

收入系统：海关系统　　　　填发日期：××××年12月24日　　　　No.

收款单位	收入机关	中央金库	缴款单位（人）	名称	金华市五湖机械有限公司
	科目	关税		账号	8145105867508100882
	收款国库			开户银行	工行长安里支行

税号	货物名称	数量	单位	完税价格（¥）	税率（%）	税款金额（¥）
	排气量2.4小轿车	1	辆	420 453.00	25%	105 113.25

金额	人民币（大写）	壹拾万伍仟壹佰壹拾叁元贰角伍分			合计（¥）	105 113.25
申请单位编号		报关单编号		填制单位		
合同（批文）号		运输工具（号）		制单人		
缴款期限		提/装货单号		复核人		
备注						

72－3

海关代征增值税专用缴款书

收入系统：海关系统　　　　填发日期：××××年12月24日　　　　No.

收款单位	收入机关	中央金库	缴款单位（人）	名称	金华市五湖机械有限公司
	科目	增值税		账号	8145105867508100882
	收款国库			开户银行	工行长安里支行

税号	货物名称	数量	单位	完税价格（¥）	税率（%）	税款金额（¥）
	排气量2.4小轿车	1	辆	577 545.33	13%	75 080.89

金额	人民币（大写）	柒万伍仟零捌拾元捌角玖分			合计（¥）	75 080.89
申请单位编号		报关单编号		填制单位		
合同（批文）号		运输工具（号）		制单人		
缴款期限		提/装货单号		复核人		
备注						

72-4

海关代征消费税专用缴款书

收入系统：海关系统　　　　填发日期：××××年12月24日　　　　No.

收款单位	收入机关	中央金库	缴款单位（人）	名称	金华市五湖机械有限公司
	科目	消费税		账号	8145105867508100882
	收款国库			开户银行	工行长安里支行

税号	货物名称	数量	单位	完税价格（¥）	税率（%）	税款金额（¥）
	排气量2.4小轿车	1	辆	577 545.33	9%	51 979.08

金额 人民币（大写）	伍万壹仟玖佰柒拾玖元零捌分		合计（¥）	51 979.08
申请单位编号		报关单编号		收缴国库（银行）
合同（批文）号		运输工具（号）		缴款单位 金华市长安里支行
缴款期限		提/装货单号		制单人　业务专用章　3YBR2PYA　KEW9LKHD
备注				复核人

72-5

国内业务付款回单

客户号：123199886	日期：××××年12月24日
付款人账号：8145105867508100882	收款人账号：
付款人名称：金华市五湖机械有限公司	收款人名称：国家金库金华市中心支库
付款人开户行：工行长安里支行	收款人开户行：

金额：CNY232 173.22

人民币贰拾叁万贰仟壹佰柒拾叁元贰角贰分

业务种类：实时缴税	业务编号：98649294	凭证字号：××××122496553566

纳税人识别号：913307101995141601

纳税人全程：金华市五湖机械有限公司

征收机关名称：金华海关

收缴国库（银行）名称：国家金库金华市中心支库

税（费）种名称	所属日期	实缴金额
关税　增值税　消费税	××××年12月24日	CNY232 173.22

自助打印，请避免重复

交易机构：27669	交易渠道：其他	交易流水号：659870003—234

回单编号：××××1204765453356	回单验证码：698L6PUTR7YH	打印时间：15:10:55　打印次数：

金华市长安里支行　业务专用章　3YBR2PYA　KEW9LKHD

72-6

车辆购置税纳税申报表

行业代码： 注册类型代码： 金额单位：元
纳税人名称：金华市五湖机械有限公司 填表日期：××××年12月24日

纳税人证件名称		证件号码		913307101995141601	
联系电话		邮政编码		地址	金华市长安里888号
车辆基本情况					
车辆类别	汽车		1.汽车；2.摩托车；3.电车；4.挂车；6.农用运输车		
生产企业名称	现代汽车制造公司		机动车销售统一发票（或有效凭证）价格		
厂牌型号			关税完税价格	420 453.00	
发动机号码			关税	105 113.25	
车辆识别代号（车架号码）			消费税	51 979.08	
购置日期	××××年12月××日		免（减）税条件		
申报计税价格	计税价格	税率	免（减）税额	应纳税额	
	577 545.33	10%		57 754.53	
申报人声明			授权声明		
此纳税申报表是根据《中华人民共和国车辆购置税暂行条例》的规定填报的，是真实的、可靠的、完整的。 声明人签字：			如果你已委托代理人申报，请填写以下资料： 　　　　为代理一切税务事宜，现授权（　　　　　　　）， 　　地址（　　　　　　　　　　）为本纳税人的代理申报人，任何与本申报表有关的往来文件，都可寄与此人。 授权人签字：		
纳税人签名或盖章	如委托代理人的，代理人应填写以下各栏			代理人签名或盖章	
	代理人名称				
	经办人				
	证件号码				
接收人： 接收日期：××××年12月24日			（1） 征税专用章 主管税务机关（章）：		

72－7

国内业务付款回单

客户号：123199886	日期：××××年12月24日
付款人账号：8145105867508100882	收款人账号：
付款人名称：金华市五湖机械有限公司	收款人名称：国家金库金华市中心支库
付款人开户行：工行长安里支行	收款人开户行：
金额：CNY57 754.53	
人民币伍万柒仟柒佰伍拾肆元伍角叁分	
业务种类：实时缴税　　业务编号：98649294	凭证字号：××××122496553567
纳税人识别号：913307101995141601	
纳税人全称：金华市五湖机械有限公司	
征收机关名称：金华市国家税务局车购税分局	
收缴国库（银行）名称：国家金库金华市中心支库	
税（费）种名称　　　　所属日期	实缴金额
车辆购置税　　　　　××××年12月24日	CNY57 754.53
自助打印，请避免重复	
交易机构：27669　　交易渠道：其他　　交易流水号：659870003－235…	
回单编号：××××1204765453357　　回单验证码：698L6PUTR7NJ　　打印时间：15:11:36　打印次数：

（中国工商银行股份有限公司 金华市长安里支行 业务专用章 3YBR2PYA KEW9LKHD）

72－8

固定资产验收单

No.00266

固定资产名称	现代小汽车	验收日期	××××.12.24	使用或保管部门	行政办公室
规格型号	2.4排量	始建日期		建造单位或部门	进口
固定资产编号	××××05022	竣工日期		原值	635 299.86
主要技术参数： 略			验收意见： 功能符合要求，验收通过。		

设备科验收人：×××　　交验收部门主管：×××　　经办人：李涛

73-1

中国工商银行现金进账单（回单或收账通知）①

××××年12月24日

第　　　号

收款人	全称	金华市五湖机械有限公司							开户银行				工行长安里支行						
	账号	8145105867508100882							款项来源				超定额现金						
人民币（大写）		伍仟元整											十	万	千	百	十	元	角	分
													¥	5	0	0	0	0	0

票面	张数	十	万	千	百	十	元	角	分	票面	张数	百	十	元	角	分
壹佰元	45			4	5	0	0	0	0	伍角						
伍拾元	4				2	0	0	0	0	贰角						
贰拾元										壹角						
拾元	12				1	2	0	0	0	伍分						
伍元	36				1	8	0	0	0	贰分						
贰元										壹分						
壹元										收银员　　　复核员						

（中国工商银行股份有限公司 金华市长安里支行 业务专用章 3YBR2PYA KEW9LKHD）

74-1

现金盘点报告表

单位名称：金华市五湖机械有限公司　　　　　　　　盘点日期：××××年12月24日

实存金额	账存金额	盈亏情况		备注
		盘盈数	盘亏数	
4 397.50	4 307.50	90.00		
处理意见：作长款处理				

财务主管：孙立　　　　　　　会计：×××　　　　　　　核点：×××

75-1

中国工商银行
现金支票存根

支票号码：XⅡ 576805

科　　目：

对方科目：

签发日期：××××年12月24日

收款人：王平
金　额：¥182 000.00
用　途：归还借款
备　注：

单位主管：　　　　　　　　　　　　会计：

76－1

中国工商银行银行汇票申请书（存根）1

申请日期××××年12月24日　　第　号

申请人	金华市五湖机械有限公司	收款人	上海天马有限公司
账号或住址	8145105867508100882	账号或住址	6345106666522292836
用途	支付购货款	代理付款行	工行长安里支行

汇票金额	人民币（大写）	肆拾陆万元整	千	百	十	万	千	百	十	元	角	分
					¥	4	6	0	0	0	0	0	0

上列款项请从我账户内支付

申请人盖章：金华市五湖机械有限公司财务专用章　　王平印章

科　目（借）：
对方科目（贷）：
转账日期：　年　月　日
复核：　　　　记账：

此联申请人保留

76－2

国内业务付款回单

客户号：123199886　　　　　　　　　　日期：××××年12月24日
付款人账号：8145105867508100882　　收款人账号：
付款人名称：金华市五湖机械有限公司　收款人名称：
付款人开户行：工行长安里支行　　　　收款人开户行：
金额：CNY9.10
人民币玖元壹角整

业务种类：收费　　　业务编号：65248757　　　凭证号码：
用途：申请汇票手续费
备注：
附言：
自助打印，请避免重复
交易机构：27669　　交易渠道：网上银行　　交易流水号：659870338—23
回单编号：××××1204765453425　回单验证码：677L6PUTR9HG　打印时间：15:56:55　打印次数：
经办：

（中国工商银行股份有限公司 金华市长安里支行 业务专用章 3YBR2PYA KEW9LKHD）

77-1

工程施工合同

发包方： 金华市五湖机械有限公司（以下简称甲方）

承包方： 金华市第二建筑公司（以下简称乙方）

根据《中华人民共和国民法典》及其他有关法律、法规规定，结合工程实际情况，甲方就仓库工程施工承包给乙方的有关事宜，经双方协商一致，签订本合同，以资共同遵守。

第一条 工程概况

1. 工程名称：×××仓库施工工程；

2. 工程地点：金华市长安里888号；

3. 工程承包方式：总承包；

4. 工程范围和内容：仓库。

第二条 工程合同期限

本工程合同总工期为××天，开工日期为××××年××月××日，竣工日期为××××年××月××日。

第三条 工程合同总价

本工程合同总价为人民币肆拾万元整（¥400 000.00 元），包含乙供材料费、安装费用、材料保管费用、搬运费用、安全保障设施费用、员工工伤保险费用等。乙方不得要求甲方支付未经甲方认可的其他费用。

第四条 工程质量和检查验收

1. 乙方必须严格按照工程施工图纸、说明文件和国家颁发的有关规范、规程进行施工，并接受甲方代表的监督检查。

2. 乙方应按工程进度及时向甲方提供关于工程质量的技术资料等；隐蔽工程未经甲方专业人员检查不得隐蔽，否则将承担有关责任。

3. 工程竣工验收应以施工图纸、图说、技术交底纪要、设计更改通知、国家颁发的施工验收规范和质量检验标准为依据，由双方共同组织有关单位进行竣工验收。

4. 验收中如发现有不符合质量要求需要返工的工程，由乙方负责修好再进行检验。乙方如不能在规定的期限内整改完成且达到竣工要求时，甲方有权按计划合法使用而不被视为验收通过。竣工日期以最后工程验收合格的日期为准。

第五条 施工设计变更

甲方根据工程实际情况需要可以对施工设计进行部分变更，乙方必须遵照执行。而因施工设计变更造成的工程量增减，根据实际工程量结算。

第六条 双方负责事项

1. 甲方

1) 合同签订后，向乙方提供有关技术要求和图纸；

2) 组织乙方和设计单位参加施工图纸交底，并做好各方共同签署的交底纪要；

3) 监督乙方工程进度及质量。

2. 乙方

1) 自备工程所需要的加工器械和施工工具，做好材料和设备的检验、管理；

2）严格按照施工图与说明书进行施工，确保工程质量，并按合同规定的时间如期完工和交付；

3）在合同规定的保修期内，对属于乙方责任的工程质量问题，负责无偿修理；

4）负责提供现场的二、三级电箱以满足现场的施工要求，并承担施工用电费用；

5）负责及时收集、清运现场施工垃圾，并对所属施工区域安排专人进行清扫，确保施工现场整洁；

6）负责竣工验收完成交付甲方之前半成品及成品的保护工作。

第七条 安全生产规定

1. 乙方必须认真贯彻有关安全施工的规章制度，进行安全技术培训，设置安全保障设施，自费办理员工工伤保险，并严格遵守安全操作规程。施工中如发生伤亡事故，其损失由乙方负责。

2. 在施工过程中造成的火灾事故，由乙方负责。

第八条 工程价款的结算

1. 本工程总价一次包死，不再调整。

2. 施工图中已反映的内容，如属漏报，则认为已包含在其他相关项中，不再增补。

第九条 违约责任与奖励规定

1. 乙方在工程的施工管理中对于材料的使用应坚持合理用料、节约用料的原则，严禁超标准用料。对于超标准用料造成甲方的超额支出损失，在工程费用结算时从乙方承包费中扣除。

2. 乙方工程质量不符合合同规定时，负责无偿修理或返工。由于修理、返工造成工程逾期交付时，按合同总价的10％偿付逾期违约金，并赔偿甲方实际损失。

3. 乙方工程交付时间不符合规定时，按合同总价的10％偿付逾期违约金。

4. 甲方未能按照合同的规定履行自己应负的责任时，除竣工日期得以顺延外，还应赔偿乙方因此发生的实际损失。

5. 甲方不能按照合同约定支付承包费用时，按照同期银行借款利息支付违约金；甲方无正当理由提前解除合同时，应承担合同价款10％的违约金。

第十条 争议的解决方式

合同执行过程中如发生争议，双方应及时协商解决。协商不成，可直接向甲方住所地人民法院起诉。

第十一条 附则

其他本合同未言明事项，一律按《中华人民共和国民法典》和其他相关法律、法规规定执行。

本合同经双方签字或盖章后生效，至合同工程竣工交验，结清工程尾款，保修期满后自然失效。

本合同一式二份，其中甲方、乙方各执一份。

附件：《设计图纸及要求》

甲方：金华市五湖机械有限公司

签约日期：××××年12月25日

乙方：金华市第二建筑公司

签约日期：××××年12月25日

77-2

浙江省增值税专用发票

033079777721　　　　　　　　　　　　　　　　　　　　　　　　　No08878769

开票日期：××××年12月25日

检验码 72394 82098 11307 96885

购货单位	名　　称：金华市五湖机械有限公司 纳税人识别号：913307101995141601 地　址、电话：金华市长安里888号 开户行及账号：工行长安里支行 8145105867508100882	密码区	<6>958317<*4+-5+1327+-7/*64 >2115994831/9258<99/<984396 0302126<0871<9943*/3750<+-7 /*64>2115994831993/*65398>97

货物或应税劳务、服务名称	规格型号	单位	数量	单价	金额	税率	税额
仓库工程款					183 486.24	9%	16 513.76
合计					￥183 486.24	9%	￥16 513.76

价税合计（大写）	贰拾万元整	（小写）￥200 000.00

销货单位	名　　称：金华市第二建筑公司 纳税人识别号：913302090591708 地　址、电话：金华市大观路100号 开户行及账号：工行大观路支行 8145105867763041799	备注	（发票专用章）

收款人：　　　复核：　　　开票人：赵伟　　　销货单位：（章）

第二联 发票联：购货方记账凭证

77-3

浙江省增值税专用发票

033079777721　　　　　　　　　　　　　　　　　　　　　　　　　No08878769

开票日期：××××年12月25日

检验码 72394 82098 11307 96885

购货单位	名　　称：金华市五湖机械有限公司 纳税人识别号：913307101995141601 地　址、电话：金华市长安里888号 开户行及账号：工行长安里支行 8145105867508100882	密码区	<6>958317<*4+-5+1327+-7/*64 >2115994831/9258<99/<984396 0302126<0871<9943*/3750<+-7 /*64>2115994831993/*65398>97

货物或应税劳务、服务名称	规格型号	单位	数量	单价	金额	税率	税额
仓库工程款					183 486.24	9%	16 513.76
合计					￥183 486.24	9%	￥16 513.76

价税合计（大写）	贰拾万元整	（小写）￥200 000.00

销货单位	名　　称：金华市第二建筑公司 纳税人识别号：913302090591708 地　址、电话：金华市大观路100号 开户行及账号：工行大观路支行 8145105867763041799	备注	（发票专用章）

收款人：　　　复核：　　　开票人：赵伟　　　销货单位：（章）

第一联 抵扣联：购货方抵扣凭证

77-4

国内业务付款回单

客户号：123199886	日期：××××年12月25日
付款人账号：8145105867508100882	收款人账号：8145105867763041799
付款人名称：金华市五湖机械有限公司	收款人名称：金华市第二建筑公司
付款人开户行：工行长安里支行	收款人开户行：工行大观路支行

金额：CNY200 000.00

人民币贰拾万元整

业务种类：转账支出	业务编号：65248872	凭证号码：

用途：支付工程款

备注：

附言：

自助打印，请避免重复

交易机构：27669	交易渠道：网上银行	交易流水号：659870993—697
回单编号：××××1204765453879	回单验证码：687L6PUEW9RT	打印时间：10:16:10 打印次数：

（中国工商银行股份有限公司 金华市长安里支行 业务专用章 3YBR2PYA KEW9LKHD）

78-1

033079779871   **浙江省增值税专用发票**   No 08880789

检验码 72394 82033 76307 96388   开票日期：××××年12月25日

购货单位	名　　称：金华市五湖机械有限公司	密码区	<6>958317<*4+-5+1327+-7/*64 >2115994831/9258<99/<984396 0302126<0871<9943*/3750<+-7 /*64>2115994831771/*65476>21
	纳税人识别号：913307101995141601		
	地址、电话：金华市长安里888号		
	开户行及账号：工行长安里支行 8145105867508100882		

货物或应税劳务、服务名称	规格型号	单位	数量	单价	金额	税率	税额
广告费					10 000.00	6%	600.00
合计					¥10 000.00	6%	¥600.00

价税合计（大写）　壹万零陆佰元整　　　　　（小写）¥10 600.00

销货单位	名　　称：金华阳光广告有限公司	备注	（金华阳光广告有限公司 发票专用章）
	纳税人识别号：420563426736573		
	地址、电话：金华市中山路7号		
	开户行及账号：工行中山路支行 8155420452743615586		

收款人：　　　复核：　　　开票人：李梅　　　销货单位：（章）

78-2

033079779871

浙江省增值税专用发票

No 08880789

抵扣联

开票日期：××××年12月25日

检验码 72394 82033 76307 96388

购货单位	名　　称	金华市五湖机械有限公司				密码区	＜6＞958317＜*4+-5+1327+-7/*64＞2115994831/9258＜99/＜9843960302126＜0871＜9943*/3750＜+-7/*64＞2115994831771/*65476＞21
	纳税人识别号	913307101995141601					
	地址、电话	金华市长安里888号					
	开户行及账号	工行长安里支行 8145105867508100882					
货物或应税劳务、服务名称	规格型号	单位	数量	单价	金额	税率	税额
广告费					10 000.00	6%	600.00
合计					¥10 000.00	6%	¥600.00
价税合计（大写）	壹万零陆佰元整				（小写）¥10 600.00		
销货单位	名　　称	金华阳光广告有限公司				备注	
	纳税人识别号	420563426736573					
	地址、电话	金华市中山路7号					
	开户行及账号	工行中山路支行 8155420452743615586					

收款人：　　　复核：　　　开票人：李梅　　　销货单位：（章）

第一联 抵扣联：购货方抵扣凭证

国税函（××××）×××号

78-3

中国工商银行
转账支票存根

支票号码：XⅡ 415134

科　　目：

对方科目：

签发日期：××××年12月25日

收款人：	金华阳光广告有限公司
金　额：	¥10 600.00
用　途：	支付广告费
备　注：	

单位主管：　　　　　　会计：

79－1

固定资产清查报告表
××××年12月25日

名称及规格	计量单位	盘盈			盘亏			损毁			原因
		数量	重置价值	估计已提折旧	数量	原价	已提折旧	数量	原价	已提折旧	
62型生产设备	台							1	24 000.00	18 400.00	正常报废
厂房	m²							100	50 000.00	9 000.00	自然灾害
合计	—	—	—	—	—	—	—	—	74 000.00	27 400.00	—

保管部门：×××　　　　　　　　　清查：×××　　　　　　　　　制表：×××

80－1

浙江省增值税普通发票　　No 08878868

033079028870

此联不作报销凭证使用　　开票日期：××××年12月25日

检验码 72394 82033 11307 96976

购货单位	名　称	金华废旧物资经营有限公司	密码区	<6>958317<*4+-5+1327+-7/*64
	纳税人识别号	330156814163965		>2115994831/9258<99/<984396
	地址、电话	金华市解放路70号 84667679		0302126<0871<9943*/3750<+-7
	开户行及账号	建行解放路支行 45663205779000069328		/*64>2115994831771/*78798>31

货物或应税劳务、服务名称	规格型号	单位	数量	单价	金额	税率	税额
正常报废62型生产设备		千克	200		177.00	13%	23.00
合计					¥177.00	13%	¥23.00

价税合计（大写）	贰佰元整	（小写）¥200.00

销货单位	名　称	金华市五湖机械有限公司
	纳税人识别号	913307101995141601
	地址、电话	金华市长安888号
	开户行及账号	工行长安里支行 8145105867508100882

收款人：　　　复核：　　　开票人：刘浩　　　销货单位：（章）

80－2

国内业务收款回单

客户号：123199886	日期：××××年12月25日
收款人账号：8145105867508100882	付款人账号：45663205779000069328
收款人名称：金华市五湖机械有限公司	付款人名称：金华废旧物资经营有限公司
收款人开户行：工行长安里支行	付款人开户行：建行解放路支行
金额：CNY200.00	
人民币贰佰元整	

业务种类：银行转账　　业务编号：65085873　　凭证号码：

用途：货款

备注：

附言：

自助打印，请避免重复

交易机构：27669　　交易渠道：网上银行　　交易流水号：659871242－668

回单编号：××××1204765453979　　回单验证码：687L6SGTR9RT　　打印时间：15：35：10　　打印次数：

（中国工商银行股份有限公司 金华市长安里支行 业务专用章 3YBR2PYA KEW9LKHD）

81－1

金华市五湖机械有限公司职工困难补助发放清单

××××年12月25日

姓名	困难补助的主要原因	批准金额	领取人签名
李好	略	500.00	略
		现金付讫	
		¥500.00	
人数	1个	领导批示	同意 王平12.25	合计	人民币（大写）伍佰元整

财务主管：孙立　　复核：×××　　制单：×××

82-1

浙江省增值税专用发票

033079776885 No 08880975

发票联 开票日期：××××年12月25日

检验码 72394 82033 74307 96302

购货单位	名称：	金华市五湖机械有限公司							
	纳税人识别号：	913307101995141601							
	地址、电话：	金华市长安里888号							
	开户行及账号：	工行长安里支行8145105867508100882							

密码区： <6>958317<*4+-5+1327+-7/*64>2115994831/9258<99/<9843960302126<0871<9943*/3750<+-7/*64>2115994831771/*74398>21

货物或应税劳务、服务名称	规格型号	单位	数量	单价	金额	税率	税额
下一年全年报刊费					4 500.00	9%	405.00
合计					¥4 500.00	9%	¥405.00

价税合计（大写） 肆仟玖佰零伍元整 （小写）¥4 905.00

销货单位	名称：	金华市邮政局
	纳税人识别号：	420563426735657
	地址、电话：	金华市中山北路110号
	开户行及账号：	工行中山北路支行4204528888763562256

备注：（金华市邮政局 发票专用章）

收款人： 复核： 开票人：戴俊 销货单位：（章）

第二联发票联：购货方记账凭证

国税函（××××）××××号

82-2

浙江省增值税专用发票

033079776885 No 08880975

抵扣联 开票日期：××××年12月25日

检验码 72394 82033 74307 96302

购货单位	名称：	金华市五湖机械有限公司							
	纳税人识别号：	913307101995141601							
	地址、电话：	金华市长安里888号							
	开户行及账号：	工行长安里支行8145105867508100882							

密码区： <6>958317<*4+-5+1327+-7/*64>2115994831/9258<99/<9843960302126<0871<9943*/3750<+-7/*64>2115994831771/*74398>21

货物或应税劳务、服务名称	规格型号	单位	数量	单价	金额	税率	税额
下一年全年报刊费					4 500.00	9%	405.00
合计					¥4 500.00	9%	¥405.00

价税合计（大写） 肆仟玖佰零伍元整 （小写）¥4 905.00

销货单位	名称：	金华市邮政局
	纳税人识别号：	420563426735657
	地址、电话：	金华市中山北路110号
	开户行及账号：	工行中山北路支行4204528888763562256

备注：（金华市邮政局 发票专用章）

收款人： 复核： 开票人：戴俊 销货单位：（章）

第一联抵扣联：购货方抵扣凭证

国税函（××××）××××号

82-3

中国工商银行
转账支票存根

支票号码：XⅡ 415135

科　　目：

对方科目：

签发日期：××××年12月25日

收款人：金华市邮政局
金　　额：¥4 905.00
用　　途：支付报刊费
备　　注：

单位主管：　　　　　会计：

83-1

033079776561　　**浙江省增值税专用发票**　　No08881079

检验码 72394 82033 99307 96329

开票日期：××××年12月26日

购货单位	名　　称：金华市五湖机械有限公司	密码区	<6>958317<*4+-5+1327+-7/*64 >2115994831/9258<99/<984396 0302126<0871<9943*/3750<+-7 /*64>2115994831771/*99398>92
	纳税人识别号：913307101995141601		
	地址、电话：金华市长安里888号		
	开户行及账号：工行长安里支行 8145105867508100882		

货物或应税劳务、服务名称	规格型号	单位	数量	单价	金额	税率	税额
包装箱		只	60	85	5 100.00	13%	663.00
合计					¥5 100.00	13%	¥663.00

价税合计（大写）	伍仟柒佰陆拾叁元整	（小写）¥5 763.00

销货单位	名　　称：金华联丰建材经营部	备注
	纳税人识别号：420563426673356	
	地址、电话：金华市中山路118号	
	开户行及账号：工行中山南路支行 4204528888637414426	

收款人：　　复核：　　开票人：何小明　　销货单位：（章）

83-2

033079776561　　　**浙江省增值税专用发票**　　　No 08881079

检验码 72394 82033 99307 96329　　　开票日期：××××年12月26日

购货单位	名　　称：	金华市五湖机械有限公司				密码区	<6>958317<*4+-5+1327+-7/*64 >2115994831/9258<99/<984396 0302126<0871<9943*/3750<+-7 /*64>2115994831771/*99398>92		
	纳税人识别号：	913307101995141601							
	地　址、电　话：	金华市长安里888号							
	开户行及账号：	工行长安里支行8145105867508100882							
货物或应税劳务、服务名称		规格型号	单位	数量	单价	金额		税率	税额
包装箱			只	60	85	5 100.00		13%	663.00
合计						¥5 100.00		13%	¥663.00
价税合计（大写）		伍仟柒佰陆拾叁元整				（小写）¥5 763.00			
销货单位	名　　称：	金华联丰建材经营部				备注			
	纳税人识别号：	420563426673356							
	地　址、电　话：	金华市中山南路118号							
	开户行及账号：	工行中山南路支行4204528888637414426							

收款人：　　　复核：　　　开票人：何小明　　　销货单位：（章）

83-3

中国工商银行
转账支票存根

支票号码：XⅡ 415136

科　　目：

对方科目：

签发日期：××××年12月26日

收款人：金华联丰建材经营部
金　额：¥5 763.00
用　途：购入包装箱
备　注：

单位主管：　　　　　　会计：

83－4

入 库 单

收货部门：仓库　　　　　××××年12月26日　　　　　收字第　　号

种类	编号	名称	规格	数量	单位	单价	成本总额									
							千	百	十	万	千	百	十	元	角	分
		包装箱		60	只	85.00				5	1	0	0	0	0	
备注：						合计	¥			5	1	0	0	0	0	

负责人：孙立　　　　　记账：李涛　　　　　验收：张华　　　　　填单：刘为

第三联 财务记账

84－1

033079776561

浙江省增值税专用发票

No 08881080

开票日期：××××年12月26日

检验码 72394 82033 99507 96165

购货单位	名 称	金华市五湖机械有限公司			密码区	<6>958317<*4+-5+1327+-7/*64 >2115994831/9258<99/<984396 0302126<0871<9943*/3750<+-7 /*64>2115994831771/*99598>77		
	纳税人识别号	913307101995141601						
	地 址、电 话	金华市长安里888号						
	开户行及账号	工行长安里支行8145105867508100882						
货物或应税劳务、服务名称	规格型号	单位	数量	单价	金额	税率	税额	
水泥		吨	18	500	9 000.00	13%	1 170.00	
合计					¥9 000.00	13%	¥1 170.00	
价税合计（大写）	壹万零壹佰柒拾元整				（小写）¥10 170.00			
销货单位	名 称	金华联丰建材经营部				备注		
	纳税人识别号	420563426673356						
	地 址、电 话	金华市中山南路118号						
	开户行及账号	工行中山南路支行4204528888637414426						

收款人：　　　　　复核：　　　　　开票人：何小明　　　　　销货单位：（章）

第二联 发票联：购货方记账凭证

84-2

033079776561　　　　**浙江省增值税专用发票**　　　No 08881080

检验码 72394 82033 99507 96165　　　　　　开票日期：××××年12月26日

购货单位	名　称：	金华市五湖机械有限公司	密码区	＜6＞958317＜*4+-5+1327+-7/*64＞2115994831/9258＜99/＜9843960302126＜0871＜9943*/3750＜+-7/*64＞2115994831771/*99598＞77
	纳税人识别号：	913307101995141601		
	地　址、电话：	金华市长安里888号		
	开户行及账号：	工行长安里支行8145105867508100882		

货物或应税劳务、服务名称	规格型号	单位	数量	单价	金额	税率	税额
水泥		吨	18	500	9 000.00	13%	1 170.00
合计					￥9 000.00	13%	￥1 170.00

价税合计（大写）　壹万零壹佰柒拾元整　　　（小写）￥10 170.00

销货单位	名　称：	金华联丰建材经营部	备注	
	纳税人识别号：	420563426673356		
	地　址、电话：	金华市中山南路118号		
	开户行及账号：	工行中山南路支行4204528888637414426		

收款人：　　　复核：　　　开票人：何小明　　　销货单位：（章）

第一联抵扣联：购货方抵扣凭证

国税函（××××）××号

84-3

国内业务付款回单

客户号：123199886	日期：××××年12月25日
付款人账号：8145105867508100882	收款人账号：4204528888637414426
付款人名称：金华市五湖机械有限公司	收款人名称：金华联丰建材经营部
付款人开户行：工行长安里支行	收款人开户行：工行中山南路支行

金额：CNY10 170.00

人民币壹万零壹佰柒拾元整

业务种类：转账支出	业务编号：65248872	凭证号码：

用途：购入工程物资

备注：

附言：

自助打印，请避免重复

交易机构：27669	交易渠道：网上银行	交易流水号：659871442—668
回单编号：××××1204765454048	回单验证码：688L6PUSR9RT	打印时间：××:30:16　打印次数：

84－4

入 库 单

收货部门：仓库　　　　　　××××年12月26日　　　　　　收字第　　号

种类	编号	名称	规格	数量	单位	单价	成本总额							
							千	百	十	万	千	百	十	元	角	分
		水泥		18	吨	500.00				9	0	0	0	0	0
备注：						合计	¥			9	0	0	0	0	0

负责人：孙立　　　　　记账：李涛　　　　　验收：张华　　　　　填单：刘为

第三联 财务记账

85－1

金华市五湖机械有限公司

金华市东风机械厂　　　　　联营投资协议书（代合同）

……

第四条：

"投入货币资金500 000元，持股比例达到51%。投资期从××××年12月27日到××××年12月26日起止。"

……

甲方（盖章） 　　　　　乙方（盖章）

法定代表人：王平　　　　　　　　　　　法定代表人：陈培良

签约地点：金华市长安里888号　　　　　日期：××××年12月26日

85－2

**中国工商银行
转账支票存根**

支票号码：XⅡ 415137

科　　目：

对方科目：

签发日期：××××年12月26日

收款人：金华市东风机械厂
金　　额：¥500 000.00
用　　途：支付投资款
备　　注：

单位主管：　　　　　　　　　　　　会计：

86－1

033079872566　　　　**浙江省增值税专用发票**　　　　No 08879981

检验码 72394 82033 74807 96995　　　　开票日期：××××年12月29日

购货单位	名　称：金华市五湖机械有限公司					密码区	<6>958317<*4+-5+1327+-7/*64 >2115994831/9258<99/<984396 0302126<0871<9943*/3750<+-7 /*64>2115994831771/*74898>91		
	纳税人识别号：913307101995141601								
	地址、电话：金华市长安里888号								
	开户行及账号：工行长安里支行 8145105867508100882								
	货物或应税劳务、服务名称	规格型号	单位	数量	单价	金额		税率	税额
	办公楼维修费					12 844.04		9%	1 155.96
	合计					¥12 844.04		9%	¥1 155.96
	价税合计（大写）　壹万肆仟元整					（小写）¥14 000.00			
销货单位	名　称：金华市建筑安装工程有限公司					备注			
	纳税人识别号：130602700920895								
	地址、电话：金华市中山北路88号								
	开户行及账号：工行中山北路支行 4204527888898622718								

收款人：　　　复核：　　　开票人：何楠　　　销货单位：（章）

86－2

033079872566　　　**浙江省增值税专用发票**　　　No.08879981

全国统一发票监制章
抵扣联
国家税务总局监制

开票日期：××××年12月29日

检验码 72394 82033 74807 96995

购货单位	名　　称：金华市五湖机械有限公司 纳税人识别号：913307101995141601 地　址、电　话：金华市长安里888号 开户行及账号：工行长安里支行 8145105867508100882	密码区	<6>958317<*4+-5+1327+-7/*64 >2115994831/9258<99/<984396 0302126<0871<9943*/3750<+-7 /*64>2115994831771/*74898>91

货物或应税劳务、服务名称	规格型号	单位	数量	单价	金额	税率	税额
办公楼维修费					12 844.04	9%	1 155.96
合计					¥12 844.04	9%	¥1 155.96

价税合计（大写）	壹万肆仟元整	（小写）¥14 000.00

销货单位	名　　称：金华市建筑安装工程有限公司 纳税人识别号：130602700920895 地　址、电　话：金华市中山路88号 开户行及账号：工行中山北路支行 4204527888898622718	备注	

收款人：　　　复核：　　　开票人：何楠　　　销货单位：（章）

第一联抵扣联：购货方抵扣凭证

国税函（××××）××××号

87－1

国内业务付款回单

客户号：123199886	日期：××××年12月29日
付款人账号：8145105867508100882	收款人账号：
付款人名称：金华市五湖机械有限公司	收款人名称：
付款人开户行：工行长安里支行	收款人开户行：

金额：CNY7 800.00

人民币柒仟捌佰元整

业务种类：收费	业务编号：65247857	凭证号码：

用途：新产品研发专项贷款利息

备注：

附言：

自助打印，请避免重复

交易机构：27669	交易渠道：网上银行	交易流水号：659873778－889	打印时间：11：20：46	打印次数：
回单编号：××××1204765455859	回单验证码：687L6PWTR9RT			

中国工商银行股份有限公司
金华市长安里支行
业务专用章
3YBR2PYA
KEW9LKHD

88 - 1

国内业务收款回单

客户号：123199886　　　　　　　　　　　　日期：××××年12月29日

收款人账号：8145105867508100882　　　　付款人账号：

收款人名称：金华市五湖机械有限公司　　　付款人名称：

收款人开户行：工行长安里支行　　　　　　付款人开户行：

金额：CNY265.00

人民币贰佰陆拾伍元整

业务种类：付费业务　　　编号：65271994　　　凭证号码：

用途：存款利息

备注：

附言：

自助打印，请避免重复

交易机构：27669　　交易渠道：网上银行　　交易流水号：659873938—889

回单编号：××××1204765456015　　回单验证码：687L6PUTR9RT　　打印时间：15：20：46　　打印次数：

（中国工商银行股份有限公司 金华市长安里支行 业务专用章 3YBR2PYA KEW9LKHD）

89 - 1

房产税计算表

××××年12月31日

项目	房产原值（元）	房产余值（元）	年税率	应缴税额（元）
生产用房	120 000.00	84 000.00	1.2%	1 008.00
非生产用房	80 000.00	56 000.00	1.2%	672.00
合计	200 000.00	140 000.00	—	1 680.00

审核：孙立　　　　　记账：　　　　　制表：吴江

90 - 1

城镇土地使用税计算表

××××年12月31日

土地面积(平方米)	年定额税率	应缴税额（元）
2 800	8元/平方米	22 400.00
合计	—	22 400.00

审核：孙立　　　　　记账：　　　　　制表：吴江

91－1

国内业务收款回单

客户号：123199886	日期：××××年12月31日
收款人账号：8145105867508100882	付款人账号：32022598888000077366
收款人名称：金华市五湖机械有限公司	付款人名称：金华永信有限责任公司
收款人开户行：工行长安里支行	付款人开户行：建行新华路支行

金额：CNY346 680

人民币叁拾肆万陆仟陆佰捌拾元整

业务种类：银行转账	业务编号：65085873	凭证号码：

用途：货款

备注：已扣减现金折扣5%

附言：

自助打印，请避免重复

交易机构：27669	交易渠道：网上银行	交易流水号：659874828－662
回单编号：××××1204765456616	回单验证码：687L6PUTR9RT	打印时间：14：50：40　打印次数：

3YBR2PYA
KEW9LKHD

92－1

外购水费分配表

××××年12月31日

应借科目	耗用量（立方）	分配率	金额	共同耗用分配		
				分配标准（生产工人工资）	分配率	金额
制造费用	1 610			×	×	×
管理费用	640			×	×	×
研发支出	100			×	×	×
销售费用	330			×	×	×
合计	2 680	—		—	—	×

审核：孙立　　　　　记账：　　　　　制表：吴江

93-1

外购电费分配表
×××× 年 12 月 31 日

应借科目	耗用量（度）	分配率	金额	共同耗用分配		
				分配标准（生产工人工资）	分配率	金额
制造费用	9 130			×	×	×
管理费用	1 210			×	×	×
研发支出	500			×	×	×
销售费用	580			×	×	×
合计	11 420	—		—	—	×

审核：孙立　　　　　记账：　　　　　制表：吴江

94-1

固定资产折旧计算表
×××× 年 12 月 31 日

使用单位	固定资产类别	月初应计提固定资产原值（元）	月折旧率（%）	月折旧额（元）
基本生产车间	机器设备	860 000.00	0.83%	7 138.00
	房屋及建筑物	1 000 000.00	0.21%	2 100.00
	小计	1 860 000.00	—	9 238.00
公司管理部门	运输设备（自用）	280 000.00	0.83%	2 324.00
	运输设备（出租）	200 000.00	0.83%	1 660.00
	办公设备	50 000.00	0.83%	415.00
	房屋及建筑物	800 000.00	0.21%	1 680.00
	小计	1 330 000.00	—	6 079.00
销售机构	房屋及建筑物	200 000.00	0.21%	420.00
	办公设备	10 000.00	0.83%	83.00
	小计	210 000.00	—	503.00
合计		3 400 000.00	—	15 820.00

审核：孙立　　　　　制表：李涛

95-1

无形资产——土地摊销计算表
××××年12月31日

无形资产原值	摊销年限	月摊销金额
	50	

审核：孙立　　　　　　　　　　　　　制表：李涛

96-1

金华市五湖机械有限公司工资结算表
××××年12月31日

编号	姓名	部门	基本工资	津贴	奖金	缺勤应扣		应付工资	代扣款项		实发工资
						事假	迟到早退		代扣个税	代扣社保费	
101	王政	行政	6 000	1 000	500	0	0	7 500	87.00	630.00	6 783.00
102	张芳	行政	3 720	500	200	0	0	4 420	0.00	390.60	4 029.40
...	...	...	...	...	...	...	...	...	...	...	...
小计		行政	33 500	3 000	2 000	0	0	38 500	850.00	3 685.00	33 965.00
201	李欣	人资	4 100	659	400	0	0	5 159	4.00	430.50	4 724.50
202	胡萍	人资	3 850	300	200	0	0	4 350	0.00	404.25	3 945.75
...	...	...	...	...	...	...	...	...	...	...	...
小计		人资	9 500	1 400	700	0	0	11 600	10.25	1 045.00	10 544.75
301	孙立	财务	4 500	900	493	0	0	5 893	25.00	472.50	5 395.50
302	吴江	财务	2 800	300	200	0	0	3 300	0.00	294.00	3 006.00
...	...	...	...	...	...	...	...	...	...	...	...
小计		财务	11 000	1 900	800	0	0	13 700	40.00	1 210.00	12 450.00
401	李明	销售	5 500	900	600	0	0	7 000	42.00	577.50	6 380.50
402	余海	销售	2 700	500	200	0	20	3 380	0.00	283.50	3 096.50
...	...	...	...	...	...	...	...	...	...	...	...
小计		销售	20 000	1 900	1 800	0	20	23 680	190.00	2 200.00	21 290.00
501	马莉	研发	3 200	210	2 700	0	0	6 110	22.00	356.00	5 732.00
502	向伟	研发	2 800	180	700	0	0	3 680	0.00	304.00	3 376.00
小计		研发	6 000	390	3 400	0	0	9 790	22.00	660.00	9 108.00
601	林冰	车间	4 600	700	500	0	0	5 800	20.00	483.00	5 297.00
602	李好	车间	2 200	500	200	110	0	2 790	0.00	231.00	2 559.00
...	...	...	...	...	...	...	...	...	...	...	...
小计		车间	374 700	3 500	27 200	500	0	404 900	1 650.00	41 217.00	362 033.00
合计			454 700	12 090	35 900	500	20	502 170	2 762.25	50 017.00	449 390.75

批准：王振　　　审核：孙立　　　部门负责人：孙立　　　制表：张晶

96-2

金华市五湖机械有限公司工资结算汇总表
××××年12月31日

编号	部门	基本工资	津贴	奖金	缺勤应扣		应付工资	代扣款项		实发工资
					事假	迟到早退		代扣个税	代扣社保费	
1	行政办公室	33 500	3 000	2 000	0	0	38 500	850.00	3 685.00	33 965.00
2	人力资源部	9 500	1 400	700	0	0	11 600	10.25	1 045.00	10 544.75
3	财务部	11 000	1 900	800	0	0	13 700	40.00	1 210.00	12 450.00
4	销售部	20 000	1 900	1 800	0	20	23 680	190.00	2 200.00	21 290.00
5	研发中心	6 000	390	3 400	0	0	9 790	22.00	660.00	9 108.00
6	车间生产人员	365 700	2 800	25 000	500	0	393 000	1 170.00	40 227.00	351 603.00
7	车间管理人员	9 000	700	2 200	0	0	11 900	480.00	990.00	10 430.00
	合计	454 700	12 090	35 900	500	20	502 170	2 762.25	50 017.00	449 390.75

审核：孙立　　　　　　　　部门负责人：孙立　　　　　　　　制表：张晶

96-3

工资费用分配表
××××年12月31日

应借科目			共同耗用分配表			
			分配标准（产品生产工时）		分配率	金额（元）
			配件生产	装配		
生产成本	基本生产成本	甲产品	5 200小时	2 000小时		
		乙产品	6 800小时	2 000小时		
		小计	12 000小时	4 000小时		
制造费用			×	×	×	
管理费用			×	×	×	
研发支出			×	×	×	
销售费用			×	×	×	
合计			×	×	×	

审核：孙立　　　　　　　　　　　　　　　　　　制表：吴江

97-1

社会保险费、工会经费计提分配表

××××年12月31日

应借科目		工资总额	社会保险费			工会经费		
			计提基数	比例	金额（元）	计提基数	比例	金额（元）
生产成本	甲产品							
	乙产品							
	小计							
制造费用								
管理费用								
研发支出								
销售费用								
合计				—			—	

审核：孙立　　　　　　　　　　　　　　　　制表：吴江

98-1

研发支出——费用化支出计算表

××××年12月31日

序号	项目	金额（元）
1	11月份月末余额	
2	本月发生额	
3	月末应结转金额(3=1+2)	

审核：孙立　　　　　　　　　　　　　　　　制表：吴江

99-1

交易性金融资产年末公允价值明细表
××××年12月31日

序号	资产项目	收盘价（元）
1	紫光股份（310077）	8.00
2	大华股份（680088）	11.20
3	02国债（10）	1 080.00

审核：孙立　　　　　　　　　　　　　　　　　制表：吴江

100-1

坏账准备计提明细表
××××年12月31日

项目	金额	计提比率	坏账准备账户年末余额（元）	计提前坏账准备账户余额（元）		应计提或冲销的金额（元）	
				借方	贷方	计提金额	冲销金额
应收账款账户期末余额		10%					
其他应收款账户期末余额		10%					
合计		—					

审核：孙立　　　　　　　　　　　　　　　　　制表：吴江

101-1

产品质量保证费用计算表
××××年12月31日

产品销售收入	计提比例	计提金额（元）
	0.5%	

审核：孙立　　　　　　　　　　　　　　　　　制表：吴江

102-1

发出材料汇总表

××××年12月31日

借方科目		A原材料		B原材料		C原材料		D原材料		金额合计（元）
总账	明细账	数量（吨）	金额（元）	数量（吨）	金额（元）	数量（吨）	金额（元）	数量（吨）	金额（元）	
生产成本	甲产品									
	乙产品									
制造费用										
管理费用										
销售费用										
其他业务成本										
合计										

审核：孙立　　　　　　　　　　　　　　　　　　制表：吴江

103-1

制造费用分配表

××××年12月31日

分配对象	生产工时（实际）		分配率	应分配费用(元)
	配件生产	装配		
甲产品	5 200 小时	2 000 小时		
乙产品	6 800 小时	2 000 小时		
合计	12 000 小时	4 000 小时		

审核：孙立　　　　　　　　　　　　　　　　　　制表：吴江

104-1

月末在产品数量及完工程度明细表

××××年12月31日　　　　　　　　　　　　　　单位：台

项目	甲产品			乙产品		
	在产品数量	完工程度	约当产量	在产品数量	完工程度	约当产量
生产车间	30	80%		25	60%	
合计	30	80%		25	60%	

主管：孙立　　　　　　复核：孙立　　　　　　制表：吴江

104－2

产品成本计算表

××××年12月31日

车间名称：
成品名称：甲产品
单位：元
完工产量：140
在产品数量：30

项目	直接材料	直接人工	制造费用	合计
期初在产品成本	213 306.10	76 180.75	15 236.15	304 723.00
本期生产成本				
合计				
完工产品成本				
单位产品成本				
月末在产品成本				

主管：孙立　　　　复核：孙立　　　　制表：吴江

104－3

产品成本计算表

××××年12月31日

车间名称：
成品名称：乙产品
单位：元
完工产量：100
在产品数量：25

项目	直接材料	直接人工	制造费用	合计
期初在产品成本	206 693.90	73 819.25	14 763.85	295 277.00
本期生产成本				
合计				
完工产品成本				
单位产品成本				
月末在产品成本				

主管：孙立　　　　复核：孙立　　　　制表：吴江

104－4

完工产品成本汇总表

××××年12月31日

产品名称	直接材料（元）	直接人工（元）	制造费用（元）	完工产品总成本（元）	完工产品产量（台）	单位成本（元/台）
甲产品						
乙产品						
合计						

审核：孙立　　　　　　　　　记账：孙立　　　　　　　　　制表：吴江

105－1

产品销售成本计算表

××××年12月31日

产品名称	期初库存		本期入库		合计			本期销售	
	数量（台）	金额（元）	数量（台）	金额（元）	数量（台）	单位成本（元/台）	金额（元）	数量（台）	金额（元）
甲产品									
乙产品									
合计									

审核：孙立　　　　　　　　　记账：孙立　　　　　　　　　制表：吴江

106－1

出　库　单

发货部门：仓库　　　　　　　　　　　　　　　　　　　　第　　号
收货单位：陕西省×××中心小学　　　　　　　　　　　××××年12月31日

类别	编号	名称型号	单位	应发数量	实发数量	单位成本	金额
产品		甲产品	台	5	5		
备注：						合计	

第三联　财务记账

负责人：　　　　经发：　　　　保管：黄改云　　　　填单：

106-2

捐赠协议书

甲方（捐赠人）：金华市五湖机械有限公司
乙方（受赠人）：陕西省×××中心小学

　　为促进贫困地区中小学教育事业的发展，共同为构建和谐社会做出贡献，根据《中华人民共和国公益事业捐赠法》《基金会管理条例》《中华人民共和国民法典》等法律法规，经甲乙双方平等协商，达成如下协议：

第一条　甲方自愿将下述第　2　项之财产（以下简称"捐赠财产"）无偿捐赠乙方，乙方同意接受下述捐赠财产。

　　1. 现金：（人民币/其他）　　　　无　　　　（大写）。
　　2. 动产：（名称、数量、质量、价值）　甲产品 5 台　。
　　3. 不动产：（该不动产所处的详细位置、状况及所有权证明）　无　。

第二条　甲方保证捐赠财产系其所有之合法财产，且有权捐赠乙方，并保证所捐赠财产无权利和质量瑕疵。

第三条　捐赠财产用途（是/否具体指定）：所赠甲产品用于学校教学。

第四条　甲方应按下述时间、地点及方式向乙方交付捐赠财产：
　　1. 交付时间：××××年 12 月 31 日。
　　2. 交付方式：现场捐赠方式。

第五条　捐赠财产的所有权因捐赠交付而转移乙方，依法需要办理登记等手续的，甲乙双方按要求共同办理相关手续。

第六条　乙方收到甲方捐赠财产后，应出具合法、有效的财务接收凭证，并登记造册，妥善管理和使用。

第七条　甲方有权向乙方查询捐赠财产的使用、管理情况，并提出意见和建议。对于甲方的查询，乙方应在十个工作日内如实按照约定方式给予答复。

第八条　本协议成立后，捐赠财产交付前，因故致使捐赠财产毁损、灭失的，甲方承担相关责任。

第九条　因捐赠财产权利瑕疵而致第三方向乙方追索，或因捐赠财产质量瑕疵使乙方或受益人人身或财产遭受损失的，甲方应赔偿因此造成的全部直接及间接损失。

第十条　乙方应按照本协议约定用途使用捐赠财产，确需改变用途的，应经甲方书面同意。对不易储存、运输和超过实际需要的非货币性捐赠财产，乙方有权直接依法变现，所得价款用于捐赠目的。

第十一条　本协议自甲乙双方法定代表人或授权代表签章之日起生效。本捐赠为公益行为，协议成立后不能撤销，受法律保护。

第十二条　本协议在履行过程中发生的争议，由双方协商解决；协商不成的，任意一方有权向乙方住所地人民法院起诉。

第十三条　其他约定事项：甲方只一次性提供 5 台甲产品，不负责该产品日后的维护和保养。

第十四条　本协议一式两份，双方各执一份，具同等法律效力。

甲方（签名/盖章）：金华市五湖机械有限公司　　乙方（盖章）：陕西省×××中心小学
住所：　　　　　　　　　　　　　　　　　　　住所：
法定代表人/授权签约代表：王平　　　　　　　　法定代表人/授权签约代表：×××
联系电话：0579-88556699　　　　　　　　　　联系电话：×××××××
　　　　　　　　　　签订时间：××××年 12 月 31 日
　　　　　　　　　　签订地点：×××××××

107-1

应缴增值税计算表

××××年12月31日

项目	金额（元）	备注
销项税额		
加：进项税额转出		
出口退税		
减：进项税额		
已交税款		
减免税款		
出口抵减内销产品应纳税额		
应交增值税		

审核：孙立　　　　　　　　　　　　　　　　　制表：吴江

注：增值税专用发票抵扣联已经过认证。

108-1

应缴城市维护建设税及教育费附加计算表

××××年12月31日　　　　　　　　　　　　　　　单位：元

项目	计提基数			比例	计提金额
	应交增值税	消费税	合计		（列入税金及附加）
城市维护建设税				7%	
教育费附加				3%	
地方教育费附加				2%	
合计					

审核：孙立　　　　　　　　　　　　　　　　　制表：吴江

109－1

企业所得税计算表

××××年12月31日

序号	项目	金额（元）
1	年应纳税所得额	
2	适用税率	25%
3	年应纳所得税额(3=1×2)	
4	减免、抵免所得税额	
5	已预缴所得税额	
6	应补（退）所得税额(6=3-4-5)	

审核：孙立　　　　　　　　　　　　　　制表：吴江

110－1

损益类账户结转计算表

××××年12月31日　　　　　　　　　　单位：元

账户名称	结转前余额		转入本年利润	
	借方	贷方	借方	贷方
主营业务收入				
其他业务收入				
主营业务成本				
其他业务成本				
税金及附加				
销售费用				
管理费用				
财务费用				
信用减值损失				
公允价值变动损益				
投资收益				
营业外收入				
营业外支出				
所得税费用				

审核：孙立　　　　　　　　　　　　　　制表：李涛

注：按规定结转本年利润。

111－1

本年利润计算表

××××年12月31日　　　　　　　　　　　　　　单位：元

项　目	借方余额	贷方余额
11月末累计余额		
12月份利润		
1～12月份累计发生额		
转入"利润分配"账户余额		

财务主管：孙立　　　　　　审核：孙立　　　　　　制表：吴江

112－1

利润分配计算表

××××年12月31日　　　　　　　　　　　　　　单位：元

序号	项目	金额
1	净利润	
2	减：弥补企业以前年度亏损	
3	提取法定盈余公积	
4	提取任意盈余公积	
5	加：年初未分配利润	
6	盈余公积补亏	
7	可供投资者分配的利润	
8	应付给投资者的利润	

财务主管：孙立　　　　　　审核：孙立　　　　　　制表：吴江

注：按规定结转未分配利润。

四、实训任务

1. 对有关业务进行账务处理并编制记账凭证。
2. 建立涉税账户明细分类账并登记明细分类账。
3. 填制本期发生额的科目汇总表。
4. 编制××××年度资产负债表(见表3-4)和利润表(见表3-5)。

表 3-4　资产负债表

编制单位：　　　　　　　　　　　××××年12月31日　　　　　　　　　　　　单位：元

资产	年初余额（略）	期末余额	负债和所有者权益（或股东权益）	年初余额（略）	期末余额
流动资产			流动负债		
货币资金			短期借款		
交易性金融资产			交易性金融负债		
应收票据			应付票据		
应收账款			应付账款		
预付款项			预收款项		
应收利息			应付职工薪酬		
应收股利			应交税费		
其他应收款			应付利息		
存货			应付股利		
其中：消耗性生物资产			其他应付款		
一年内到期的非流动资产			一年内到期的非流动负债		
其他流动资产			其他流动负债		
流动资产合计			流动负债合计		
非流动资产			非流动负债		
债权投资			长期借款		
其他债权投资			应付债券		
长期应收款			长期应付款		
长期股权投资			专项应付款		
投资性房地产			预计负债		
固定资产			递延所得税负债		
在建工程			其他非流动负债		
工程物资			非流动负债合计		
固定资产清理			负债合计		
生产性生物资产			所有者权益（或股东权益）		
油气资产			实收资本（或股本）		
无形资产			资本公积		
开发支出			减：库存股		
商誉			其他综合收益		
长期待摊费用			盈余公积		
递延所得税资产			未分配利润		
其他非流动资产			所有者权益（或股东权益）合计		
非流动资产合计					
资产总计			负债和所有者权益（或股东权益）总计		

企业负责人：　　　　　主管会计：　　　　　制表：　　　　　报出日期：××××年　　月　　日

表 3-5 利润表

××××年度   单位：元

编制单位：

项 目	本期金额	上期金额
一、营业收入		
减：营业成本		
税金及附加		
销售费用		
管理费用		
研发费用		
财务费用		
加：其他收益		
投资收益（损失以"—"号填列）		
其中：对联营企业和合营企业的投资收益		
公允价值变动收益（损失以"—"号填列）		
信用减值损失		
资产减值损失		
资产处置收益（损失以"—"号填列）		
二、营业利润（亏损以"—"号填列）		
加：营业外收入		
减：营业外支出		
三、利润总额（亏损总额以"—"号填列）		
减：所得税费用		
四、净利润（净亏损以"—"号填列）		
五、其他综合收益		
……		
六、综合收益总额		
七、每股收益		
（一）基本每股收益		
（二）稀释每股收益		

企业负责人：　　　主管会计：　　　制表：　　　报出日期：××××年 月 日